悪代官はじつは正義の味方だった

時代劇が描かなかった代官たちの実像

山本博文・監修
Hirofumi Yamamoto

JIPPI Compact

実業之日本社

はじめに

イメージの中の悪代官
——地方管理職だった代官は悪者ではなかった？

「代官」といえば、どうも「悪代官」のイメージが強い。

現代に生きる我々が目にする最も身近な代官といえば、時代劇に登場する代官であるが、彼らは、豪華で派手な着物を身に付け、悪徳商人と組んで悪だくみをしては、「越後屋《えちごや》、お前もワルよのう」と不敵な笑みを浮かべたり、支配地の農民から搾取《さくしゅ》しながら賄賂《わいろ》で私腹を肥やしたりと、なにかと悪いイメージで描かれることが多いからだ。

結果的に、ドラマでは水戸《みと》のご老公や貧乏旗本の三男坊に扮した将軍様、仕事人たちによって、決め台詞のもとで成敗されるハメになる。

これでは良いイメージなど生まれるはずがない。

代官＝悪者というイメージが強くなったのは、大正時代の講談本『水戸黄門漫遊記《みとこうもんまんゆうき》』（立川文庫）がきっかけだった。この講談本のなかで、水戸黄門が悪代官を成敗する話が語られたのである。この講談本が大ヒットし、さらに多くの時代小説も誕生。後には昭和のテレビ時代劇『水戸黄門』で、黄門様が次々と悪代官を懲《こ》らしめ、喝采《かっさい》を浴びた。こうして、悪代官のイメージがすっかり確立されてしまったのだ。

確かに黄門様が活躍した天和《てんな》から元禄《げんろく》の時代は、世襲代官が多く、五代将軍徳川綱吉《とくがわつなよし》によって多くの代官が粛正《しゅくせい》され、官僚的な代官に代えられていった。こうした史実を背景に、そういうストーリィが作られたのだろう。

とはいえ、代官は本当にそのような悪人ばかりだったのだろうか？

地方に行くと、各地に「名代官」と称される者の功績が数多く伝わり、顕彰碑などが全国に散在している。代官は、地元民には慕われる存在だったのである。

本書では、時代劇によってすっかり悪人のイメージが染みついてしまった代官の実態に迫り、その真偽のほどを暴いていきたい。

山本博文

【目次】

第一章 代官の仕事
――忙しすぎる〝お代官様〟の働きぶりに迫る！

特集！ 名代官VS.悪代官
滅私奉公の10人の代官と私利私欲にまみれた3人の代官

本文レイアウト／Ｌｕｓｈ！
本文図版／美創（伊藤知広）
カバーデザイン・イラスト／杉本欣右

序章

〝代官〟とは どのような人々か？

代官とは何か？

江戸の百姓たちをいじめる“お代官様”のほんとうの姿

お代官様の身分とは？

そもそも代官とは、どんな人なのかというと、ひと言でいえば、江戸幕府の直轄領である幕領の民政を担当した地方行政官のことだ。

幕領とは、天領《てんりょう》とも言う。明治維新後、幕領が新政府に接収され、天朝御領《てんちょうごりょう》（天皇の領地）とされたことから、天領と言われるようになった。現在の学界では、幕領と呼ばれるのが一般的だが、江戸時代は「御料所《ごりょうしょ》」と呼ばれた。幕府の領地という意味である。これに対して、大名領・旗本《はたもと》領などは「私領《しりょう》」と呼ばれた。

さて、代官は、古くは平安時代にその性格を持つ人々が登場している。平安中期頃、律《りつ》令《りょう》制度に基づく土地国有制が崩壊するなかで、中央貴族は全国に荘園を持つようになった。これを貴族に代わって管理支配した在地武士（荘官《しょうかん》）が、代官の走りといえる。それが江戸時代になると、農民支配を担当した地方官の職名となった。

江戸時代の幕藩《ばくはん》制社会において、一万石以上の領地を与えられた直属の家臣が大名、一万石以下の直臣《じきしん》が旗本・御家人《ごけにん》と呼ばれ、大名は二六〇余家、旗本は五〇〇〇余家、御家人は一万七〇〇〇余家に及んでいた。同じ一万石以下の直臣でも、旗本は将軍との謁見《えっけん》資格がある「御目見《おめみえ》得以上」で、御家人は将軍との謁見資格のない「御目見得以下」だった点に違いがある。代官はこのうちの旗本から選ばれるのが慣例だった。

〝お代官様〟は一体何をする人なのか？

江戸幕府の直轄領は、五代将軍・綱吉の時代に四〇〇万石に達したといわれており、そこからの年貢収入が幕府財政の基盤となっていた。この年貢を将軍に代わって、農民から徴収するのが代官の最も重要な任務である。

さらに、幕府の経済基盤を支えるために年貢を徴収するのはもちろんのこと、確実に年貢を徴収するために、農民の農業経営を維持・育成するのも代官の重要な役割だった。農村の治水や橋・道路などのインフラ整備も担当していたし、災害や飢饉《ききん》などが起きた際には、素早く的確に、しかも柔軟に対応することが求められていた。また、領内の治安や裁判に関する責任者も代官である。

つまり、代官は、税務署長であり役所の長であると同時に、警察署長や裁判官の業務も兼任していたことになる。

規則に縛られた地方役人

これだけ見ると、かなりの権力を持っている印象を受けるが、じつは代官の職務内容はしっかり定められており、裁量の範囲は意外に狭い。

たとえば年貢を徴収する際には坪刈《つぼかり》という一間《けん》四方（約三・三平方メートル）の米を収穫して検査を行ない、その上で課税するように規定されていたから、勝手に重税を課して一部をピンはねするようなことはできなかった。課税高が決まった後でも天候不順や堤防決壊などで米の出来が悪ければ「引」と呼ばれる控除をしたり、収穫予定の七割以上が見込めないほどの不作の場合に減免措置（破免《はめん》）を講じたり、作柄検査によって税率を見直すなど様々な規定もあった。

そしてこれらを逐一勘定所に報告しなくてはならなかったから、代官が勝手に多めに年貢を徴収して、私腹を肥やすことなどできないシステムになっていたのだ。

また、悪代官たちはよく自分の裁量で無礼を働いた人物を殺害しているが、実際の代官にそのような権限はない。

軽犯罪に対する裁判権は与えられていたものの、それ以外は口書《くちがき》（供述書）を作成した

図解・江戸の代官

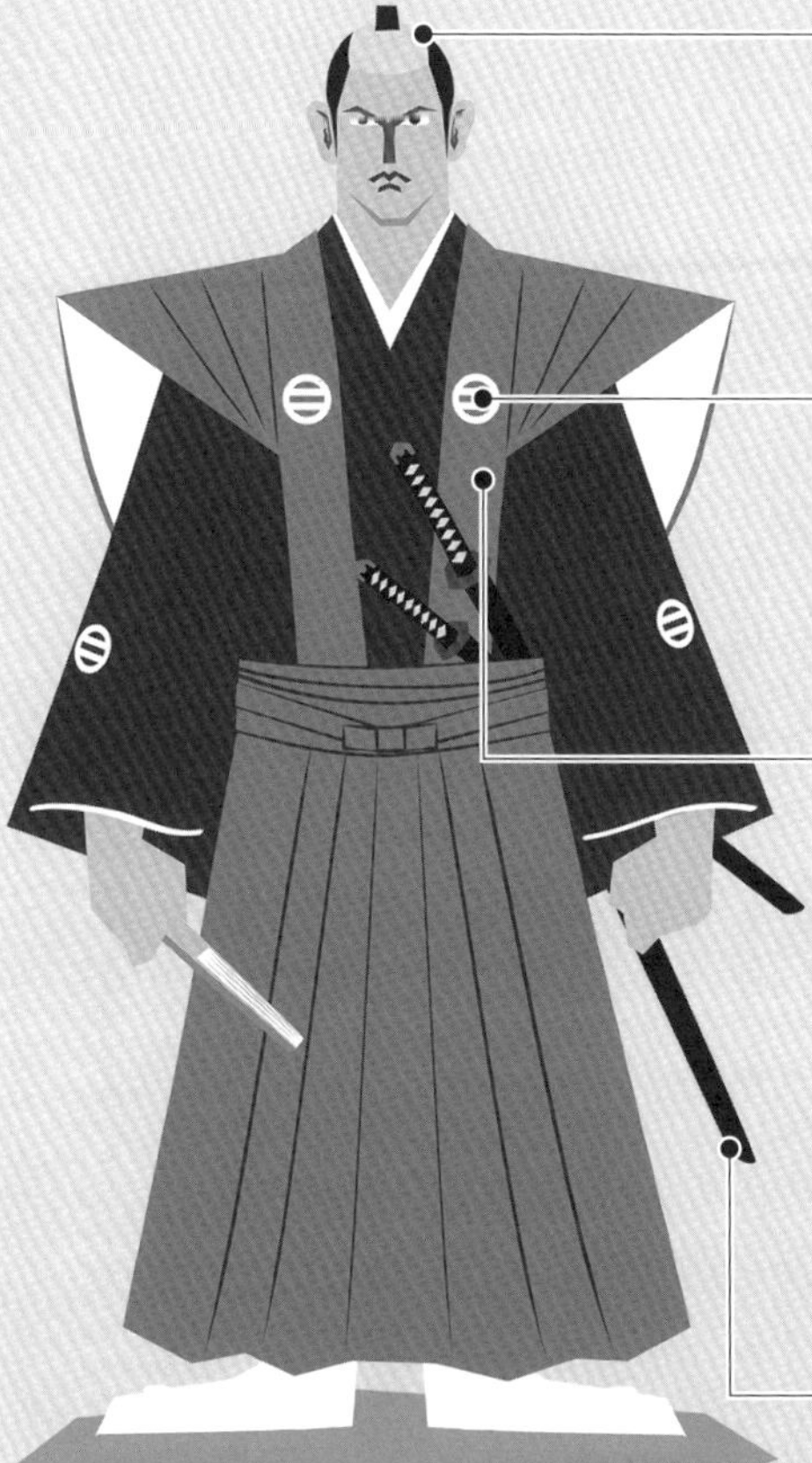

勘定所の試験に合格し、勘定所の役人として経験を積んでおり、算術に長ける。また、治水やインフラの維持にあたるため、土木の知識もあった。

家格は将軍に謁見できる御目見得以上の旗本であるものの、家禄150俵クラスとあまり高くはない。

半裃

公服は、同じ生地で仕立てた肩衣と切袴を組み合わせた半裃。出世を望む者は、江戸城で行なわれる殿中行事に諸大名と同様に参加する資格を持つ布衣（ほい）以上の役を目指した。

一般の武士同様、斬り捨て御免には制約があった。領内の治安・裁判を担当するが、裁量は限られていた。

上で代官を管轄する勘定奉行《かんじょうぶぎょう》の決裁を仰がなくてはならなかった。

煌びやかな衣装など着られようはずもない収入

しかも、代官は報酬も低かった。

代官の数は、江戸時代を通じて全国に約四〇〜五〇人程度。一般的な代官は、ひとりあたり五万石〜一〇万石程度の幕領を任されていたから、中小クラスの大名に匹敵する領地を支配していたわけだが、その家禄は、なんとわずか一五〇俵でしかない。

これを札差《ふださし》（武士に代わって支給された米の受取・換金を行ない、手数料を取った商人）で換金すると六四両から八五両ほど。これは、旗本の一〇〇前後あるポストでは最低ランクにあたる。

低い禄高《ろくだか》に加えて、農民と接する立場であることを理由に、普段から質素に暮らすように命令されており、贅沢をしたくても、出来なかった。

代官とは、イメージよりはるかに権力がなく、報われない仕事であり、〝悪代官〟などが幅を効かせる可能性はほとんどなかった。

代官の実相とは、悪代官とは程遠いもので、幕府からの指示を受けながら安い給料で必死に職務を遂行する役人だったのである。

全国の郡代・代官陣屋配置図

幕領を治める役所として配置された陣屋であったが、その配置には国内でも偏りがあった。

江戸の官僚制と代官

代官は誰の指示に従って動いていたのか？

代官は、幕府の重要な財源である幕領を預かり、これを任されている地位だったわりに、細かい規則に縛られ、好き勝手に私腹を肥やすことなどできない立場だったことが分かった。では、代官が幕領の支配という重要な職務を担いながら、旗本が務めるポストのなかで最も下のランクに位置していたのはなぜなのだろう？

理由は、代官が勘定奉行《かんじょうぶぎょう》の指揮下にあったからだ。

江戸幕府には多くの役職があり、その頂点に君臨していたのが将軍である。さらに、その下で将軍の補佐をしたのが老中《ろうじゅう》で、三万石以上の譜代大名のなかから常時五、六人ほどが選ばれ、合議制で幕府を運営していた。

さらに、特にリーダーシップを取る責任者が必要とされた時には、老中の上に大老《たいろう》が置かれた。ただし、大老は常設の職ではなく、江戸時代を通じて大老を務めた人物は一〇人しかいない。

さらに、老中を補佐する役職として若年寄《わかどしより》があった。老中は、大名の統制と朝廷との折衝、外交を職分とする一方、江戸城下の市政や治安維持を担う大目付《おおめつけ》や町奉行などを統括する。幕政全体を統括する老中に対し、若年寄は、旗本や御家人など、幕府に直接仕える武士を統括するのが役目だった。その下には百人番頭《ひゃくにんばんがしら》、小姓《こしょう》、祐筆《ゆうひつ》などの役職が属す。

若年寄は、主に三万石未満の譜代大名のなかから任命されており、老中が扱わない細々とした職務を取り扱っていたのである。

権限はほとんどなし!? 仕事内容は勘定奉行に逐一報告

このうち、老中の下には民衆の統治に当たる行政官として、寺社奉行、町奉行、勘定奉行の三奉行のほか、京都町奉行や大坂町奉行などの遠国《おんごく》奉行が属していた。

では、肝心の代官がどこに属していたかというと、老中の指揮下にある勘定奉行の下。職務が幕領の課税・徴収という幕府の財源を扱うものであったためだ。

勘定奉行とは、幕府直轄領支配と財政事務、また直轄領に住む人々に関する訴訟を担当する職務で、その役高は三〇〇〇石程度、旗本としてはエリートコースに乗った最高クラスの役職である。その支配下にある代官は、勘定所の職員で言えば勘定組頭の下の勘定と同等のノンキャリア組なので、勘定奉行より役高はかなり低く抑えられていた。

こうした事情があったとはいえ、一五〇俵はあまりにも低い。しかし実はもうひとつ、代官の役高が低い事情があった。

幕府には、代官同様、直轄領に赴任して官僚として働いていた職制に遠国奉行という職制があった。これは、地方に赴任した奉行を指す名前で、これも旗本のエリートコースだった。彼らは直轄領のなかでも要地である大坂や伏見《ふしみ》、駿府《すんぷ》の町奉行のほか、長崎、山田、日光、奈良、堺、佐渡、下田《しもだ》、箱館《はこだて》などの重要拠点を管理する奉行であった。

大名が任ぜられる伏見奉行以外は代官と同じ旗本がその役職についていたのだが、遠国奉行は老中の直接支配下にある。その役高は、一〇〇〇石から一五〇〇石とかなり高く、大名ですらご機嫌を伺いにくる顕職である。老中直属の遠国奉行と、老中の管轄下にある勘定奉行の支配下にある代官が、同じ格というわけにはいかない。つまり、代官の役高は、その下でなければならなかったのである。

おまけに、人口調査の報告書はもちろん、検見や坪刈の上で決定した課税額など、様々な仕事の内容を上司である勘定奉行に事細かに報告することが義務付けられており、代官の権限で実施したり検査したりできる事項など限られたものに過ぎなかった。

ドラマでは「斬り捨てい！」などと、農民や町民に刀を振り上げても何ら咎《とが》めを受けない代官だが、実は、自らが持つ裁判権すら上司にお伺いをうけなければ行使できない立場だったのである。

江戸幕府の組織図

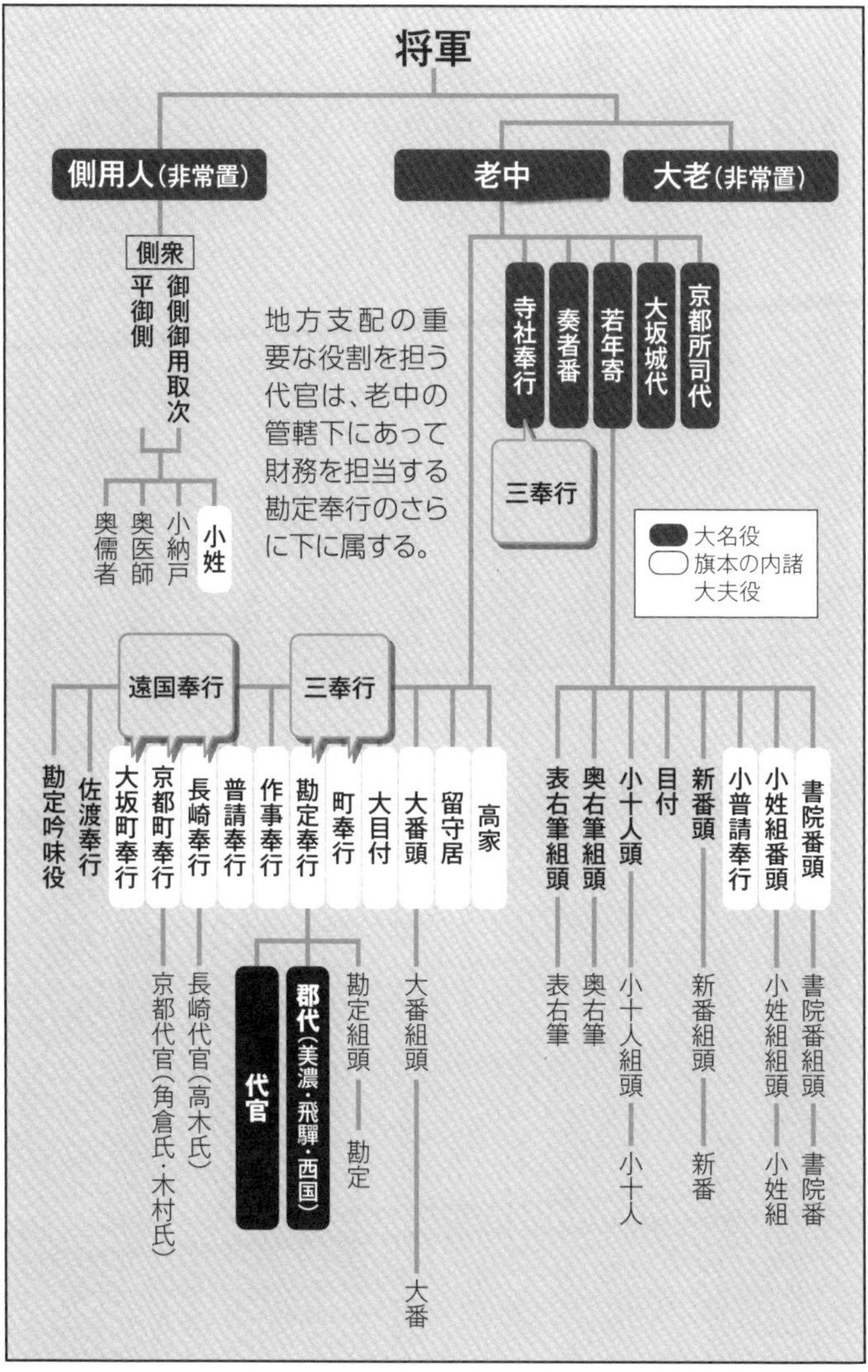
将軍
側用人(非常置)
老中
大老(非常置)
側衆
御側御用取次
平御側
小姓
小納戸
奥医師
奥儒者
地方支配の重要な役割を担う代官は、老中の管轄下にあって財務を担当する勘定奉行のさらに下に属する。
京都所司代
大坂城代
若年寄
奏者番
寺社奉行
三奉行
大名役
旗本の内諸大夫役
遠国奉行
三奉行
勘定吟味役
佐渡奉行
大坂町奉行
京都町奉行
長崎奉行
普請奉行
作事奉行
勘定奉行
町奉行
大目付
大番頭
留守居
高家
京都代官(角倉氏・木村氏)
長崎代官(高木氏)
代官
郡代(美濃・飛驒・西国)
勘定組頭
勘定
大番組頭
大番
表右筆組頭
表右筆
奥右筆組頭
奥右筆
小十人頭
小十人組頭
小十人
目付
新番頭
新番組頭
新番
小普請奉行
小姓組番頭
小姓組組頭
小姓組
書院番頭
書院番組頭
書院番

代官所の人々

代官所にあって超多忙な代官を支える人々

代官が広大な幕領を支配し、幕府の重要な経済的基盤である年貢をしっかり徴収し、支配地の警察、裁判所の役目まで果たすことが、非常な激務だったことは想像に難くない。

もちろん代官ひとりでできることではなく、「陣屋《じんや》」と呼ばれる代官所には、実務を担当する手代《てだい》・手付《てつき》や書役《かきやく》のほか、侍（雑用係）、足軽《あしがる》、中間《ちゅうげん》など、代官を補佐する部下が三〇人ほど存在していた。

ここでは、代官所で働いていた人々について紹介しよう。

■代官 ――幕領を統治する地方役人

代官は、先に述べたように、年貢の徴収など、幕領の民政や治安維持にあたる役人である。一五〇俵という少ない家禄にもかかわらず、五万石～一〇万石という大名領地に匹敵する広大な幕領を預かり、直接農民を支配していた。なかには、村役人たちと結託して不正を行なう悪代官も存在したが、その多くは真面目に働く優秀な人物だった。

■手代――代官の手足となって働く現地採用の能吏

代官の部下として、土木行政や租税徴収、人別（人口）の管理、裁判まで、地方行政にまつわる実務を担当していた人々。代官が任地で採用した農民や町人の二、三男で、事務能力に長けていた。代官所に務めながらも、武士身分ではない。当初、代官が自由に任免していたが、のちに勘定奉行への伺いが必要になった。

手代の年俸は享保《きょうほう》一〇年（一七二六）以降の規程で、総括役の元締《もとじめ》手代が三〇両五人扶《ぶ》持《ち》、並の手代は二〇両五人扶持。ともに両刀を帯びることが許され、給料は代官所の経費から支給され、休職時にはもらえなかった。代官の辞任によって解職される立場であり、不安定な身分ではあったが、代官に仕えた経歴は大きく、再就職もしやすかったようだ。

■手付――手代とともに職務にあたった武士

手付の仕事は手代とほぼ同じであるが、手代が現地採用の農民や町人だったのに対し、手付は小普請《こぶしん》の御家人から採用された幕府の直臣《じきしん》である。

寛政《かんせい》六年（一七九四）に導入された手代・手付制度により生まれた職で、待遇の面からもモチベーションの低い手代と協同で職務に当たることで、手代の意識改革を図った。郡《ぐん》代《だい》や代官の推薦を受けた者が勘定奉行によって任命され、年俸は米三〇俵二人扶持で、休職した場合も恩給的に支払いを受けることができた。身分の違いが同じ仕事内容でも、給料や待遇に顕著に反映されていたのである。

■足軽――代官所の門番などを務めた軽輩の武士

足軽は、戦国時代には戦場における歩兵だったが、江戸時代には制度化され、平時は武家の下働きを担当していた。江戸幕府のもとで足軽は、御家人となって、御徒《かち》や先手組《さきてぐみ》などの同心に編入された。御目見得以下でおおむね知行一〇〇俵以下の下級幕臣である。

代官所の足軽は、陣屋の警備や門番、下座見（先触）などの役割を務めていた。

■中間――欠かせない存在の代官所の雑用係

中間は「仲間」とも書き、足軽と小者（雑用をこなす人）の間に位置していることから、こう呼ばれるようになった。武士身分ではなく、代官が任地で雇うことも多かった。代官が外出する際の荷物持ちや、鎗《やり》持ちなどの雑役をこなしていた。足軽には苗字帯刀が許されていたが、中間には許されていなかった。

■書役《かきやく》——文書作成を担当する手代研修職

書記役のことで、右筆《ゆうひつ》、執筆とも呼ばれた。文書の草案を創ったり、記録したり、書写などを行なうのが仕事で、お触れ書や年貢納付書など、代官所で発給される様々な公文書の作成を担当していた。手代の嗣子《しし》である場合もあり、事務見習として熟達すると、郡代や代官から勘定所への推挙が行なわれた上で手代に任命された。

■奥方——代官の生活を支える妻たち

代官の職務を手代・手付らが支える一方、私生活を支えたのが妻である。

江戸時代には、大名や旗本の妻は奥方、奥様と呼ばれ、御家人の妻は御新造《ごしんぞう》、下級武家の妻は御内儀《ごないぎ》と呼ばれた。代官は旗本から選ばれるので、妻は奥方や奥様と呼ばれていた。

江戸から離れた遠国に赴任する代官は、赴任先に家族を連れて転勤し、陣屋と呼ばれる代官所で生活していたので、妻も代官と共に地方で暮らしていた。代官の妻には、夫の私生活を支えるという役割があった。とくに忙しいのが正月で、下僚やその妻と面会し、屠《と》蘇《そ》や重詰め、茶、茶菓子などでねぎらい、婦人会を主催するなど、夫の職務が円滑に運ぶよう、陰から代官を支えたのである。

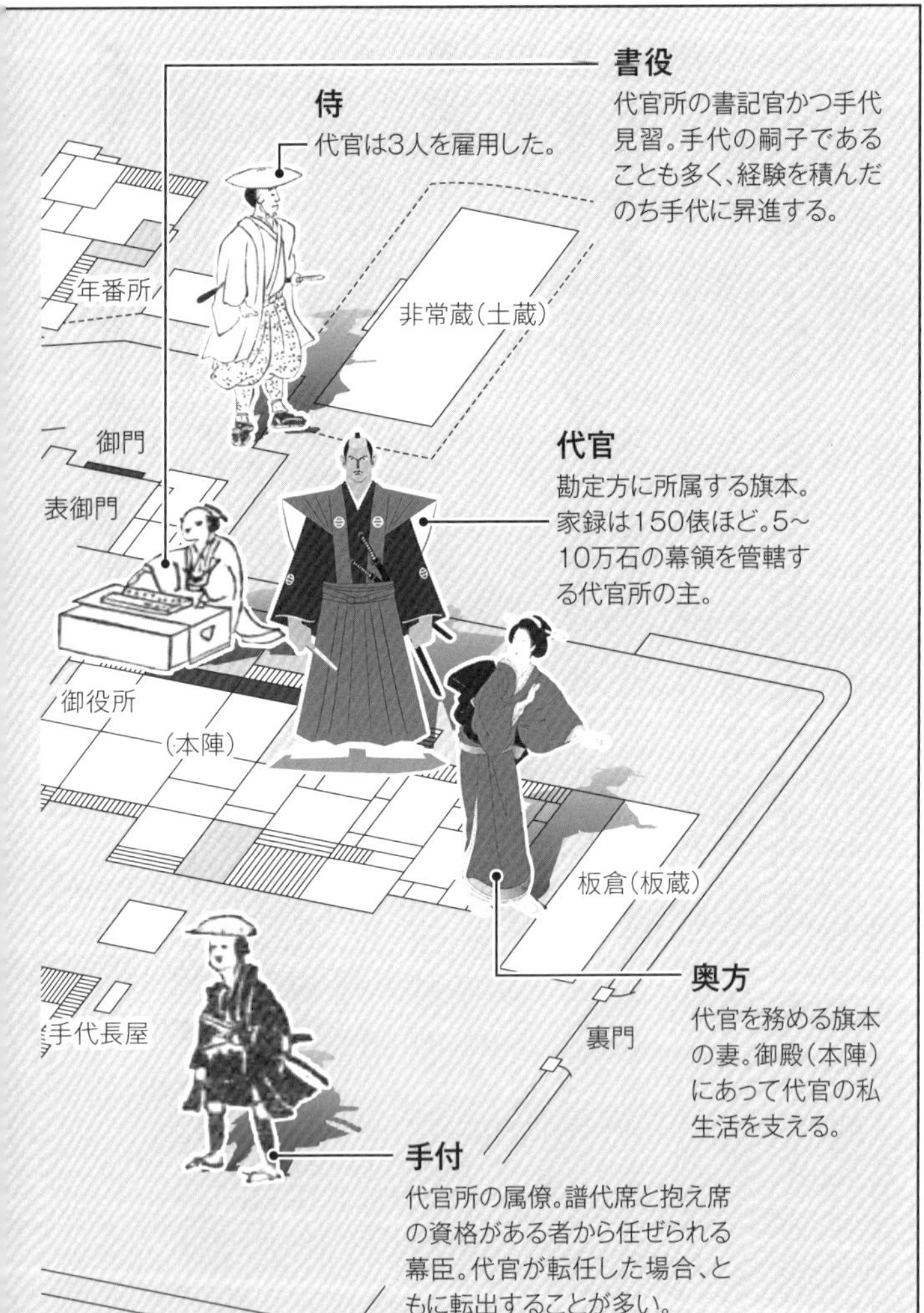
書役
代官所の書記官かつ手代見習。手代の嗣子であることも多く、経験を積んだのち手代に昇進する。
侍
代官は3人を雇用した。
年番所
非常蔵(土蔵)
御門
表御門
代官
勘定方に所属する旗本。家録は150俵ほど。5~10万石の幕領を管轄する代官所の主。
御役所
(本陣)
板倉(板蔵)
奥方
代官を務める旗本の妻。御殿(本陣)にあって代官の私生活を支える。
手代長屋
裏門
手付
代官所の属僚。譜代席と抱え席の資格がある者から任ぜられる幕臣。代官が転任した場合、ともに転出することが多い。

代官所の人々

代官所には役所や裁判の場となる白洲や年貢の貯蔵庫である米蔵などの施設のほか、代官の居住空間である本陣や手代たちの居住空間である長屋が付随していた。そこでは代官以下、手代や足軽など代官所で働く人々の姿が見える。陸奥国白川郡にあった塙代官所から代官所の風景をのぞいてみよう。

代官の雑用を担当する。武士身分ではない現地採用の人々。
元締手代
代官所の属僚、手代の長。人数は2人いた。
足軽
江戸や現地で雇われる軽輩の武士。門番などを担当した。
公事方長屋
代官所の属僚で、地元の農民や町人から事務処理能力に長けた者が任ぜられる。代官の転出とともに役を免じられた。
御濠

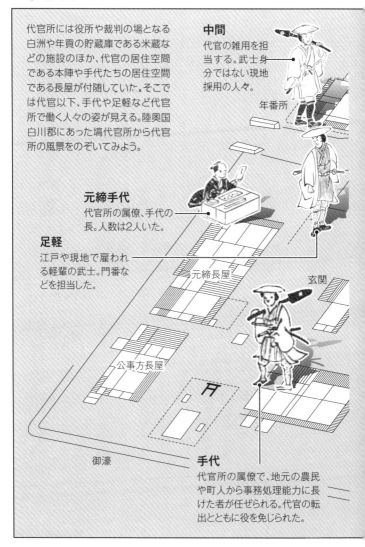

支配される人々

農民が陣屋を誘致したがった
そのワケ

代官が統治を担当した幕領は、慶長《けいちょう》末年（一六一五年）に二〇〇万石であったものが、諸大名の改易《かいえき》・転封《てんぽう》を通じて拡大し、元禄《げんろく》末年（一七〇四）に四〇〇万石を超え、延享《えんきょう》元年（一七四四）に四六一万石に達し、ピークを迎えた。

天保《てんぽう》九年（一八三八）の段階で四一八万石であり、このうち代官支配地は三二八万石に上っている。その他は遠国奉行支配と、大名預地でそれぞれ一四万石と七六万石であった。

そうした幕領に暮らし、代官の支配を受けるのが江戸時代の農村の人々である。

当時の村には一定の自治体制が築かれており、村の長たる名主《なぬし》、名主の補佐役・組頭《くみがしら》、さらにその両者を補佐・監視する百姓代《ひゃくしょうだい》という村役人を中心に運営されていた。この三つを「村方三役《むらかたさんやく》（地方《じかた》三方）」といい、村役人は有力な本百姓《ほんびゃくしょう》から選ばれた。本百姓とは、土地を持っている百姓のことである。

しかし、村方三役だけでは、多くの百姓を統率することは難しい。そこで、寛永期頃から、全国で五人組という制度が採用された。

江戸時代の農村支配体制

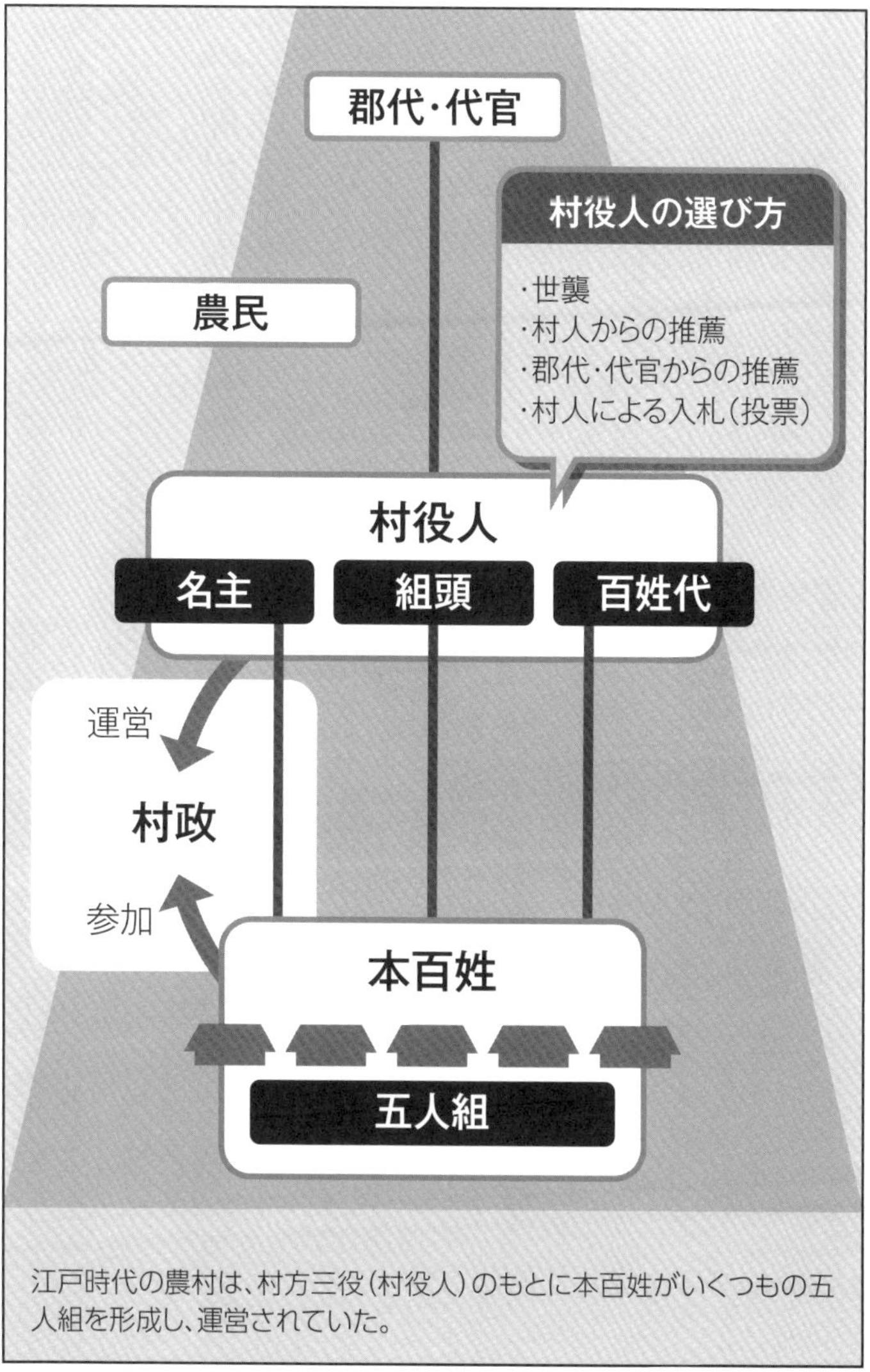

江戸時代の農村は、村方三役（村役人）のもとに本百姓がいくつもの五人組を形成し、運営されていた。

これは、近隣の五軒を一組に編成し、治安維持や法度《はっと》の遵守、年貢完納、キリシタン禁制などを連帯責任にする制度である。ひとつの組は基本五軒だが、五軒以外の場合もあったし、組替えも行なわれていた。この五人組の長が組頭で、名主に次ぐ村の指導者だった。

「陣屋をうちの村へ！」誘致合戦も珍しくなかった!?

このように組織化され、農民の代表によって農村は比較的公正かつ民主的に運営されていた。それだけに、代官が自分の村にやってきて、あれこれ指図したり、監視したりするのは、誰もが嫌がったと思われがちだ。

しかも、村に代官が置かれると、陣屋の建設費用を村の農民が負担することに決まっていた。陣屋の建設費用は六〇両から一二〇両に及び、さらに陣屋の維持費なども含めると、村の負担額は年間一〇〇両から二〇〇両にもなってしまう。

農民を虐げる悪代官が滅多に存在しなかったとはいえ、やはり代官は嫌われる存在だったのか……？

ところが、意外にも江戸時代の農村は、幕領に組み込んで欲しいと望み、自分の村に代官に来てほしい、代官の陣屋を誘致したいと願っていた事実がある。

理由は、年貢の軽さと、村の繁栄である。

江戸時代の年貢は「五公五民《ごこうごみん》」が基本。江戸幕府の幕領も、大名領や旗本領などの私領も、収穫の半分を年貢として差し出さねばならなかったのである。しかしこれは原則にすぎず、大名領では「六公四民」や「七公三民」という過酷な負担を強いる地域も珍しくなかった。

ところが幕領の場合、基本は「五公五民」でも、実際は「三公七民」や「二公八民」というケースが珍しくなかった。

水害や日照不足、冷害などで収穫が減ると、幕府の直属で融通の利く代官の判断で年貢が引き下げられたからである。充分な収穫があった場合のみ原則の年貢を差し出せばよいのだから、農民としては有難い限り。これが可能なのも、代官がいるからこそ、というわけなのだ。

しかも、陣屋ができれば、陣屋を訪れる農民や役人が増えて村は活気づき、流通や商売が栄えるなどの経済的メリットが発生し、雇用も増えたのである。

おかげで、全国各地で、代官の陣屋誘致合戦や、廃止された陣屋の復活運動などがしばしば起きることになる。

時代劇では嫌われ者のイメージが強い代官だが、実は江戸時代の農村ではなかなかの人気者だったのである。

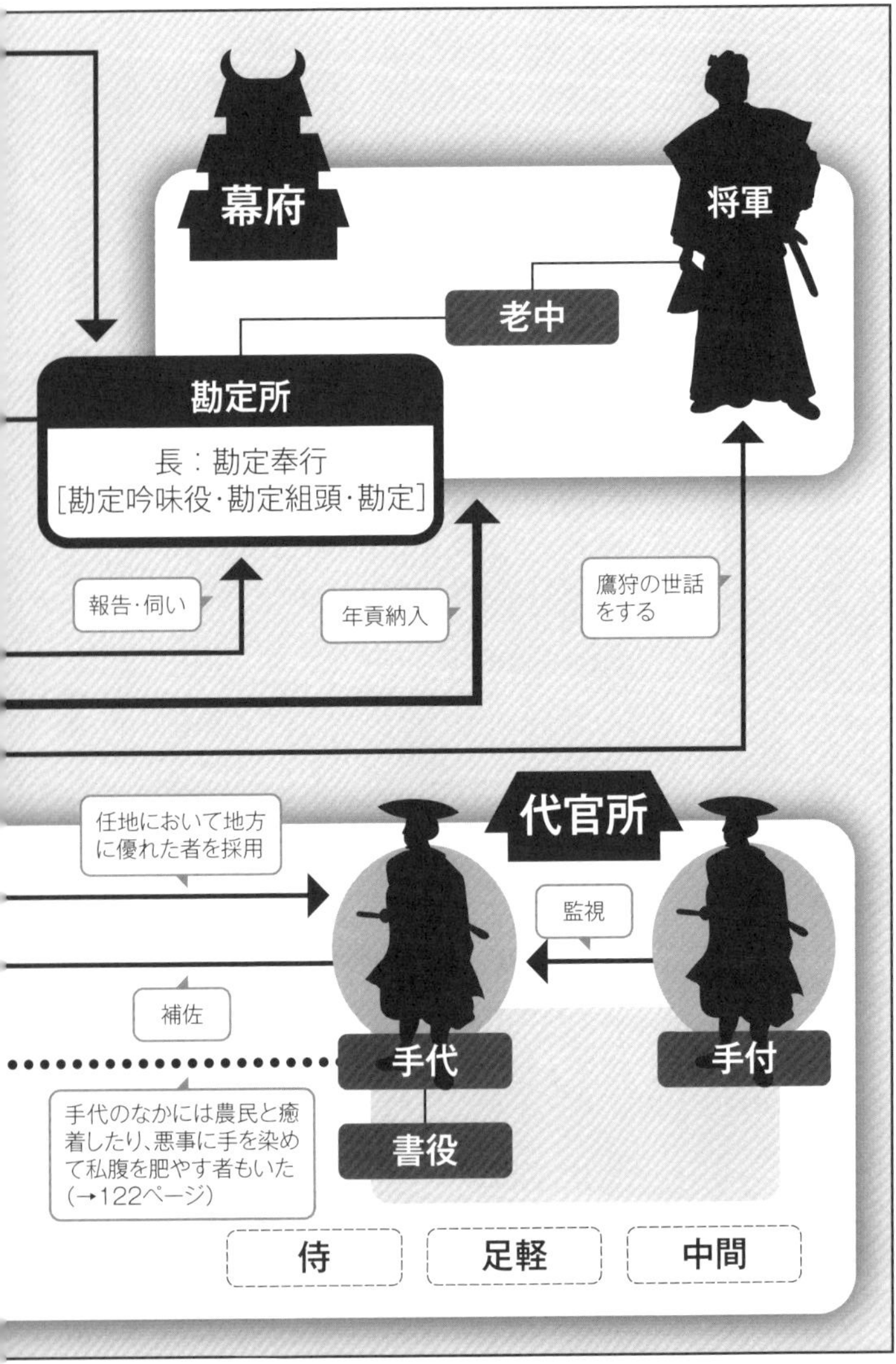
幕府
将軍
老中
勘定所
長：勘定奉行
[勘定吟味役·勘定組頭·勘定]
報告·伺い
年貢納入
鷹狩の世話をする
代官所
任地において地方に優れた者を採用
監視
補佐
手代
手付
書役
手代のなかには農民と癒着したり、悪事に手を染めて私腹を肥やす者もいた(→122ページ)
侍
足軽
中間

代官を巡る相関図

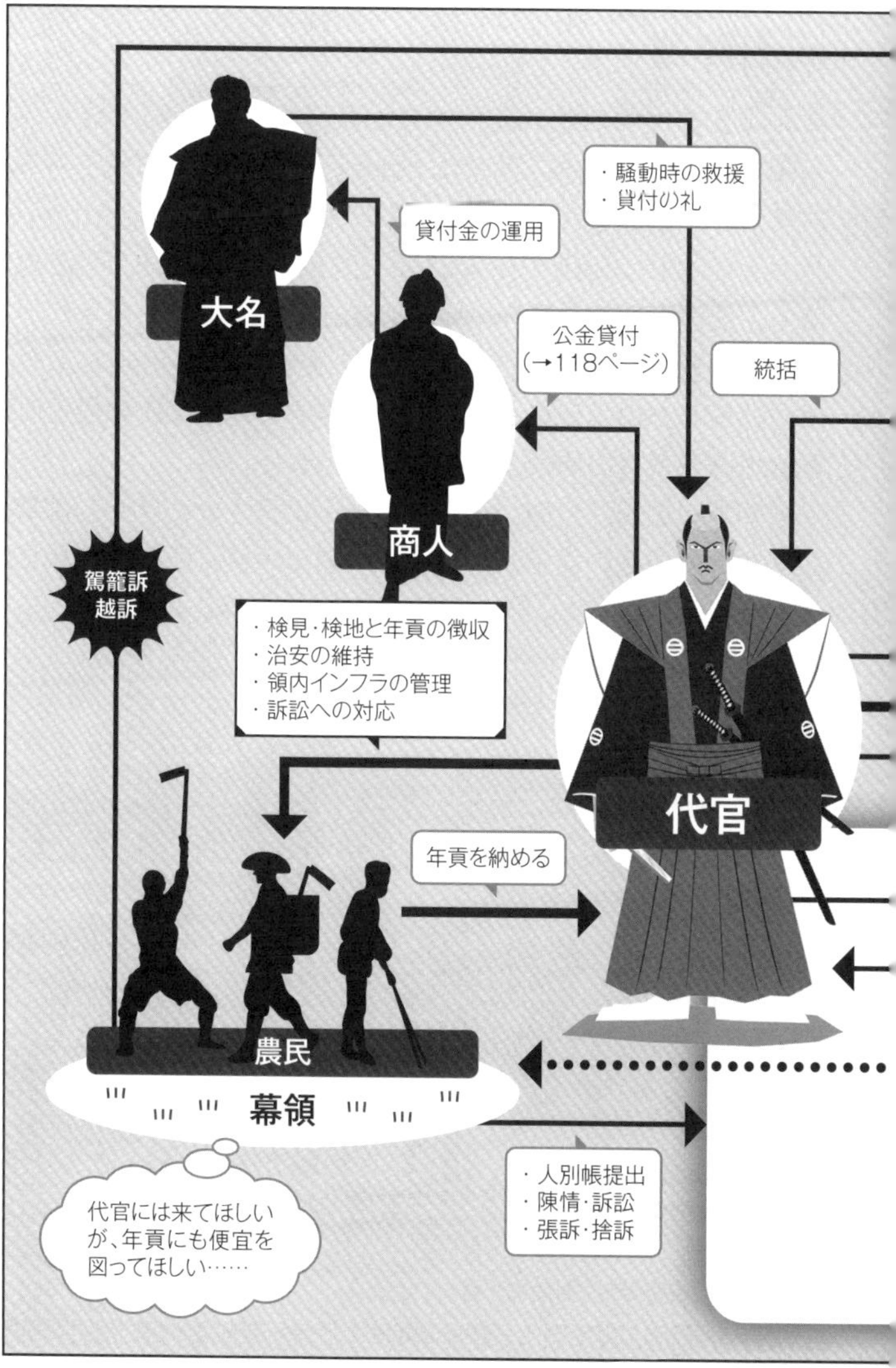

大名
・騒動時の救援
・貸付の礼
貸付金の運用
公金貸付
(→118ページ)
統括
商人
駕籠訴
越訴
・検見・検地と年貢の徴収
・治安の維持
・領内インフラの管理
・訴訟への対応
代官
年貢を納める
農民
幕領
・人別帳提出
・陳情・訴訟
・張訴・捨訴
代官には来てほしいが、年貢にも便宜を図ってほしい……

高山陣屋

元禄5年（1692）、江戸幕府が金森氏を出羽国へ移して飛騨を幕領とした際に置かれた御役所の跡が高山陣屋である。

江戸から派遣された代官（のちに飛騨郡代）が、手代・手付らとともに25代177年にわたり政務をとった。明治以降も主要建物が高山県庁、筑摩県支庁などとして使用され、昭和44年（1969）まで現役であった。同年に飛騨県事務所が移転したのを機に、全国唯一現存する徳川幕府郡代役所として陣屋遺構の修復と復元が行なわれた。

玄関や大広間、白洲、御蔵が保存・復元されたほか、御蔵には年貢米所蔵の様子が再現され、陣屋地役人所蔵の具足などが展示されている。

アクセスデータ JR高山本線「高山」駅下車、徒歩10分

飛騨郡代が置かれ、支配の拠点となった役所。元は飛騨高山藩主であった金森氏の下屋敷。郡代役所の主要建物が残っている。

第一章

代官の仕事

——忙しすぎる〝お代官様〟の働きぶりに迫る！

休暇は年間一九日！　失敗すれば処分……代官は超ブラックポストだった！

昼は領地の農民を虐《しいた》げ、夜になれば頭巾《ずきん》をかぶってお忍びで悪徳商人のもとを訪れ、賄賂を懐に入れて悪巧み……。そうしたステレオタイプが浸透した代官だが。実際の代官たちにそのような暇は存在しない。

序章でも述べたように、代官は決して悪者などではなかった。それどころか、二七〇年に及ぶ江戸時代の繁栄を支えた功労者と言っても過言ではない。

彼らは真面目に日々仕事に取り組んでおり、そのスケジュールは決して楽なものではなかったのだ。

では、代官はどのような日常生活を送っていたのか？　江戸後期に長きに渡って関東を中心に代官を務めた竹垣直道《たけがきなおみち》という人物を例に、代官の生活を紹介しよう。

竹垣は陸奥国塙《むつのくにはなわ》や摂津国《せっつのくに》大坂谷町などの代官を歴任後、関東の代官となった。関東が任地だった時期は任地には赴任せず、本所亀沢町《ほんじょかめざわちょう》や馬喰町《ばくろちょう》の拝領屋敷を改装し江戸役所として執務を行なっていた。

代官は誰もが任地に赴任したわけではなく、代官所に下僚を常駐させ、関東が任地であれば江戸に住んだまま仕事をし、東北や信越を任地とする代官であっても、検見《けみ》（↓48ページ）の時などだけ数週間陣屋に行くという者が多かったのである。

竹垣が代官を務めていた嘉永《かえい》三年（一八五〇）当時の代官勤務表を見ると、スケジュールはかなり苛酷だ。

太陰暦を用いる当時の一年は三五四日。このうち役所の業務が行なわれていたのは三三三日間で、竹垣はそのうち二七七日出勤し、そのほかの日は将軍の御成《おなり》や定例の検見などによる地方出張などがあり、病欠を除けば、実質的に休日といえる日はわずか一九日しかないのである。

勤務時間は四《よ》つ時（午前一〇時頃）から八《や》つ時（午後二時頃）なので、決められた勤務時間は四時間程度だが、勤務時間の一時間前から働き、勤務時間の一時間後まで実働するというのが通常だったので、実際には六時間勤務だったことになる。現代のサラリーマンと比べると勤務時間は短いが、その他にも地方在勤の同僚代官の名代《みょうだい》や、初任者研修を行なうなど、諸御用と称する職責以外の雑務も少なくなかったので、かなり忙しかった。

代官のなかには田舎への赴任を嫌う人も多かったが、仕事内容を考えると、地方へ赴任していた代官のほうが、繁忙期の秋以外は比較的のんびりしていたようである。

失敗したら切腹も!? 代官への厳しい監視

日々、多忙を極める一方、幕府の財源を管理する代官に対する監視も厳しかった。判断を誤れば、領民のために良かれと思ってしたことを咎《とが》められ、処分されることもあった。年貢の滞納によって処分された代官は数知れず、配下の不正や領地での事件に連座させられて処罰された者や、代官所運営のために借金を積み重ねた結果、返済不能に陥り、処分された者もいる。

また軍事力を持たないことから一揆《いっき》が起これば身の危険に晒された。鎮圧に際しては周囲の藩に応援を頼まねばならず、幕末の混乱のなかでは五條《ごじょう》の代官所が尊攘過激派に襲われ、代官・鈴木《すずき》源内《げんない》が配下の者たちとともに殺害される事件も起こっている。

また甲斐で発生した天保騒動に際しては、着任途中の西村《にしむら》時憲《じけん》という石和《いさわ》代官が、任地入りが遅れた結果、迅速に処置を取らなかったとして罷免《ひめん》・逼塞《ひっそく》を命じられている。

さらに代官たちは政治情勢にも翻弄された。

延宝《えんぽう》八年（一六八〇）、五代将軍となった徳川綱吉《とくがわつなよし》は、「天和《てんな》の治」と呼ばれる幕政の刷新を図った。農政専官（後の勝手掛《かってがかり》）を命じられた老中の堀田正俊《ほったまさとし》は、代官への「職務訓令七カ条」（『御触書寛保集成』）を発し、代官への監査強化を行なったのである。

これにより職務怠慢や勤務不良、年貢滞納や年貢の不正利得などを行なっていた代官は、次々と粛正された。

その人数は、二九年間の綱吉政権下で五一名にも及んだ。粛清の内容は、免職だけにとどまらず、流罪や改易、切腹を命じられた代官も少なくない。

このように代官職は激務に加え、武士ならではの方法で責任を取らされるという、まさにブラックポストでもあったのである。

郡代・代官の禄高変遷

禄高	延宝1	寛延3	慶応3
4000石(俵)	1人	1人	0人
2500石(俵)	1人	0人	0人
2000石(俵)	0人	0人	3人
1700石(俵)	0人	1人	0人
1500石(俵)	1人	0人	1人
1300石(俵)	1人	0人	0人
1000石(俵)	1人	0人	0人
600石(俵)	2人	0人	1人
500石(俵)	3人	3人	0人
400石(俵)	2人	0人	3人
320石(俵)	1人	0人	0人
300石(俵)	5人	6人	0人
250石(俵)	0人	5人	0人
230石(俵)	0人	1人	0人
228石(俵)	0人	0人	2人
200石(俵)	30人	25人	7人
150石(俵)	6人	12人	24人
100石(俵)	6人	4人	0人
80石(俵)	1人	1人	0人
50石(俵)	1人	0人	0人
不　明	9人	4人	0人

延宝元年（1673）に200俵の代官が全体の42.3%を占めていたのに対し、慶応3年（1867）には150俵の代官が60%近くを占めるようになる。

※出典：『天領』村山直（人物往来社）

幕領を支配する代官が担当した仕事とは？

幕領を統治する代官の仕事は、大きく「地方《じかた》」と「公事方《くじかた》」に分けられる。鉱山のある石見国大森《いわみのくにおおもり》や但馬国生野《たじまのくにいくの》などの幕領では、これに「山方《やまかた》」という鉱山管理に関わる職務が加わった。

地方とは、領内の年貢徴収のほか、各村から提出される宗門人別帳《しゅうもんにんべつちょう》に基づく領内の人口管理、官林や官道の保全や払い下げなど民政一般にかかわる業務だ。

課税・徴税についても、年に一度、米の収穫高を検査し、その上で課税額を決定しなければならなかったし、災害や飢饉《ききん》があれば、各村の状況を調査した上で課税額を控除したり、不作の場合は減免措置を講じたりするなど、その時々によって様々な判断能力が求められた。しかも、その業務の大半で勘定所への報告が義務付けられていた。

一方の公事方は、警察や裁判に関する職務で、領内の治安維持を中心に、訴訟への対応、変死人や負傷者、出火などがあった場合は、手付《てつき》や手代《てだい》を派遣して状況を把握し、適確な処置を行なうなどの業務があった。

警察と裁判所の権限を一手に握っているのだから、領内での権力は相当なものと思えるが、この公事方の仕事にしても、勘定奉行《かんじょうぶぎょう》への報告が常に必要で、吟味《ぎんみ》した上で調書を勘定奉行へ差し出し、決裁を仰いだ上でなければ判決を申し渡すことはできなかった。

しかも当初は裁判権もなく、寛政《かんせい》六年（一七九四）になって、やっと博打《ばくち》と軽犯罪についてのみ自己の裁量で決済できる権限が与えられた程度である。

幕府から示された代官の掟

以上のように、大名にも匹敵するような広大な幕領を預かっていた代官だが、自らの裁量でできた判断は非常に少ない。

その上、代官には守らなければならない多くの規定が課せられていた。

徴税については、当然ながら手抜きは許されなかったが、ただ多く課税すればよいというものではない。なんと、常に百姓を労《いた》わるようにと命じられていた。

さらに年に一度の年貢の取り扱いは、元締《もとじめ》手代と共にサインをし、一村ごと、一日ごとのものと帳面を照合しなければならなかったし、代官自らが代官控帳に直筆で詳細を記録することが決められていた。金銀銭の受け取りもすべて同様の処理をするよう義務付けられていたので、多少おいしい思いをしたいと思っても、なかなかできるものではない。困窮する百姓から年貢を取り上げる代官の姿は、あくまでステレオタイプなのだ。

幕府からもたびたび代官に対して心得方・教令が出されている。延宝《えんぽう》八年（一六八〇）、五代将軍・綱吉の治世下に出された「条々」では、民は国の基本であるので民の苦労に心をかけて飢えや寒さのなどの心配をかけないようにせよ、衣食住が贅沢にならないよう心掛けよ、なんでも手代に任せないようにせよ、などとあり、日頃の質素な生活態度まで義務付けられていた。

公事方の仕事にしても、吟味の期間は短くし、百姓を陣屋《じんや》に呼び出した場合も、長期逗留はさせずにさっさと戻すことなどが求められた。治安維持のために、日ごろから村を廻ることも求められていたし、百姓に無駄な出費をさせてはならないなど、事細かに決められていた。

『昇平夜話《しょうへいやわ》』には、「百姓は飢寒《きかん》に困窮しないように養うことが必要である。もし、生活が楽になりすぎると、農事をおろそかにし、業《なりわい》を変えてしまう者が多くなる。また困窮が甚だしくなると離散してしまう。そのため、家康は、毎年代官衆や支配所に郷村の百姓どもは死なぬように、生きぬようにと心得て年貢の収納を申し付けるよう命じていた」とある。

農民の不満を抑えながら、シビアな年貢徴収を行なう代官の心構えといえよう。

代官の仕事

郡代・代官

地方

一、代官より勘定所へ上申し許可するもの

・宗門人別帳を名村に提出させ、宗旨を改める
・定免の切替え・年期明け切替えが出願されたときの審査と税額の参酌
・小物成等の雑税の新規・年期切替えの審査と税額の参酌
・官林および官道の破損の整備
・新田開発の反別・石高の査定
・検見取の村方を巡回し、坪刈の上、地租額を定め、取箇帳を作成する。
・飢饉に際して郷蔵より貯穀を分配、夫食料・農具代の年賦・貸与等を施行する。
・鰥寡孤独の救恤、孝子・貞婦・義僕の褒賞、養老賜米等を行なう

二、代官所において検査、実施するもの

・五人組帳の検査
・夫銭帳の検査証印
・河川の堤防・用水の圦樋・橋梁等のうち、官営によるものの修理
・郷蔵の貯穀の巡検
・酒造における密醸・過醸の警戒
・洪水に対する堤防・橋梁の防備
・年貢割付を調整し村々へ分付する
・年貢米金を江戸の金庫・米蔵・各地倉庫へ回漕送納する
・皆済目録を調整、収納の時々に交付した小手形と引替えに村々へ下付
・年貢に係る土地の増租・減租の実施検証
・荒地を臨検のうえ、高反別や減租額の調査
・総百姓願い出か、入札による村役人の任命

公事方

一、代官より勘定奉行へ伺い決定するもの

・支配地の人民を保護し、凶賊・博徒等を逮捕し処刑する
・説諭や訴訟を審判し、裁決または内済（和解）を許可する
・訴訟が6か月以上にわたり未決定の場合は、事由を明らかにし、以後6か月ごとに済否を届け出る
・変死人・負傷人・出火の時は、手付・手代を派し、のち状況を具申し処断する

二、代官所において、警戒、処断するもの

・支配地の風紀を矯正し、博奕・淫売女・芝居興行の類を警戒する
・賭博犯人のうち敲に当たる者を処断する
・欠落（逃亡）を親類・村役人に命じて捜索し、180日を経て不明の場合は、人別帳より除く
・久離・勘当・帳外の願い出の許否
・猟師その他、鉄砲所持の願い出の許否

山方

・山方稼方の許否
・山方稼方の監督・奨励
・山方の争論・訴訟の実地検分
・精錬の監督
・製品の保管・津出の監督
・山方運上のこと

その他臨時に命じられるもの

・大名の城郭・領地および旗本知行地の授受
・川々国役金の徴収
・勅使参向、将軍家上洛・日光社参、慶事・葬儀・法会の場合に一部の賄、雑用物品、雇人夫の配置を取り扱う
・将軍家の仏事に関して貧民施行米の分与
・百姓一揆の勃発の際、近傍の大名に出兵を依頼する
・将軍家の放鷹鹿狩、出火の際の焚出、行軍露営、兵糧輜重の事を掌る

代官の仕事の内容は大きく地方・公事方にわかれ、『徳川幕府県治要略』などに記されている。

代官所に詰めるわずか三〇人ほどで幕領の支配ができた理由とは？

代官は五万石～一〇万石という中流の大名に匹敵するほど広い幕領を管理していた。五万石の大名であれば、それなりの数の家臣がおり、五万三〇〇〇石の赤穂浅野家で三〇〇人を超える家臣を抱えていた。ところが、代官の部下となると、手代・手付が合わせて一〇人、書役《かきやく》が二人、ほかに侍が三人、門番を勤める足軽が一人、そして中間が一三人と、わずか三〇人程度に過ぎなかった。

なぜ、これほど少ない人数で、広大な幕領を管理することができたのか？

これを可能にしていたのが、当時の村組織だ。

江戸時代の村は、実はかなりきちんと組織化されていた。最高責任者として「名主《なぬし》（庄《しょう》屋《や》）」がおり、補佐役として「組頭《くみがしら》」がおり、名主と組頭を監視する役割を持った「百姓《ひゃくしょう》代《だい》」がいた。この三つを「村方三役《むらかたさんやく》」「地方《じかた》三役」と呼ぶ。

名主が村役人の長で、村政全般の責任者だ。村を運営する行政能力が必要なのはもちろん、土地を持たない小百姓が困窮した際には年貢を立て替えるなど、相応の経済力も必要

「年貢米取立図」（徳川幕府県治要略／国会図書館）。納入された年貢米が俵に詰められている。

だった。名主は、世襲の場合と、何軒かで輪番制を取る場合もあった。

名主の補佐的な役割を担ったのが組頭で、年寄とも呼ばれた。組頭は複数いて、読み書きや計算能力が必要だった。

百姓代は、農民の入札《いれふだ》（選挙）によって選ばれた一般の百姓の代理で、村の決め事を各家に伝達するなどして名主や組頭を補佐するほか、名主や組頭の職務執行を監視する役割もあった。さらに、その他一般の村人は「五人組」の組織に組み入れられており、地域によっては「七人組」や「十人組」などもあった。

このように、一つの村は、きちんと組織化されており、実際の村の運営は、村方三役を中心に農民たちの手でしっかりと行なわれていたのである。これが、少ない人数でも、代官が村を管理できたカラクリなのだ。

村は村役人を中心とした自治組織

村の運営がどのように行なわれていたのかが、顕著にわかる例がある。

安政《あんせい》元年（一八五四）七月一八日午後二時頃、遠江国和田村に住む百姓栄蔵《えいぞう》宅に五人の無頼人が「金を出せ」と押し入った。栄蔵が拒否すると、無頼人が栄蔵を峰打ちにし、殴り倒した。

驚いた女房は慌てて逃げだし、村役人の家に駆けこんだ。女房から話を聞いた村役人が、すぐさま半鐘を鳴らし、緊急事態が起きていることを村中に知らせると、最寄りの十八カ村から大勢が一気に現場に駆け付け、無頼者を取り押さえたのだ。

その後、組頭が事態を代官所へ届けると、代官が公事方の手代を和田村へ派遣。無頼人五人を代官所に引き取ったのである。実に鮮やかなスピード解決である。

このように、何か事態が起きた場合、代官やその下僚が直接向かわなくても、村役人を中心とした村人たちの手で多くの事態が対応されていた。これが可能だったのは、村ごとに相互扶助体制が整えられており、非常時の対応策などもきちんと取り決められていたからだ。つまり、江戸時代の村は、ほとんど現在の地方自治体同様の存在だったのである。

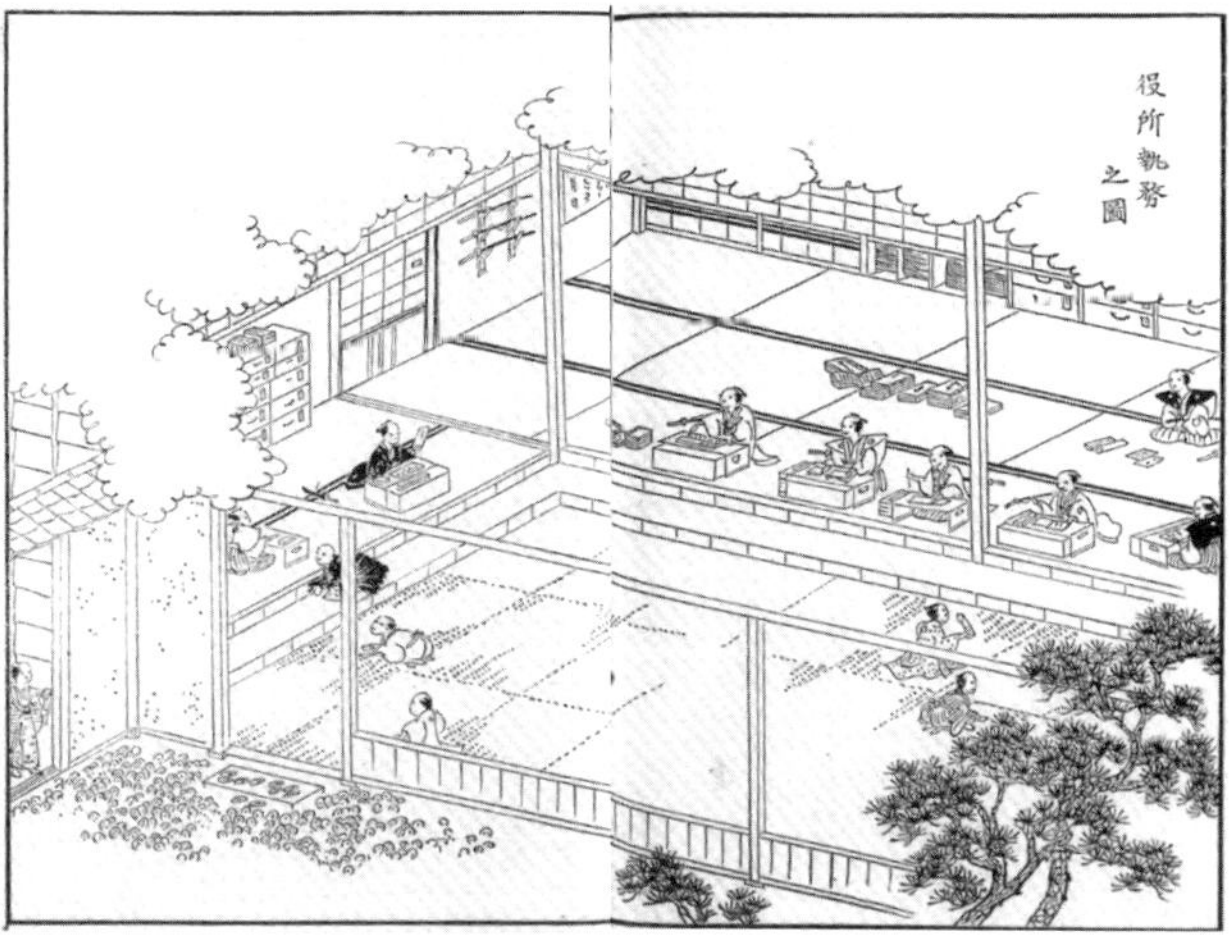

役所執務之図。領民たちの陳情を受ける代官所の吏僚たちが描かれる。『徳川幕府県治要略』より。（国立国会図書館所蔵）

村人の間でもめ事が起きた場合も、領民がわざわざ代官所に届け出るまでもなく、村役人の手で対応されており、村役所において村役人立ち合いのもとで裁判も行なわれていた。

年貢の納付も村役人や五人組といった組織のもとで管理・監督されており、一軒ごとの年貢納めがきちんとできているかどうかなど、事細かなことを代官所が確認する必要はなかった。

代官所は自分が管理している幕領内の多くの村の総元締めのようなもので、多忙とはいえ細かい点を村の自治組織に任せることができたのだ。

これを知れば、少ない人数でも代官所が運営できた理由がうなずける。

代官の最も重要な仕事「検見」……でも代官は勝手に年貢を決められなかった！

江戸時代の百姓は、年貢の支払いが義務づけられていたが、その他にも、山林や原野、河海などからの利益に対して課される「小物成《こものなり》」（小年貢ともいう）、村高に応じて課される「高掛物《たかがかりもの》」という付加税、大河川の修復や国家的事業の際などの経費を賄うために課される臨時的な税金である「国役《くにやく》」、河川や道路の土木工事などに使役する「夫役《ぶやく》」などの負担を強いられていた。

これらの税金を徴収するのが代官の役目だが、そのなかでも最も重要かつ神経を使ったのが年貢の徴収である。米の出来高はその年ごとに違うので、代官は毎年九月頃になると村に出向き、作柄を検査していた。これを「検見《けみ》」といい、この検見によって年貢高を決める方法を「検見法」という。代官が多忙を極めるのは、この検見が行なわれる九月から一〇月にかけてで、江戸在住の代官たちもそれぞれの任地に赴いて検見に当たった。

検見はあらかじめ村役人と百姓立会いのもとで、「内見帳《ないけんちょう》」が作成され、ついで手代が手分けして村々を巡回し、下調べ（小検見《こけみ》）を行なう。その後、代官自ら検見を行なって年貢高を決定した。

検見には、坪刈《つぼかり》という方法が採用されていた。坪刈とは、適当な田んぼを選び、一坪分ずつ刈り取り、稲穂を千刃扱《せんばこ》きを使って小籾とし、坪あたりの収穫量を測ることである。その上で一反歩の収穫量を算定し、その年の年貢高を決定するのである。

「検見法」とは別に、「定免法《じょうめんほう》」という方法もある。こちらは、毎年検見を行なって年貢高を決めるのではなく、数年間の収穫量を算出基礎として、一定年間の年貢高を決める方法である。その年の豊凶に関係なく年貢高が決まっているので、凶作の場合などは百姓を苦しめることになりそうだが、定免期間中でも、凶作の年には「破免《はめん》」という減免処置が施されていた。また、定免法に似たもので、春先に前もってその年の年貢高を決める「土《ど》免《めん》法」というものもあった。

遠江国中和泉《なかいずみ》で嘉永《かえい》六年（一八五三）から安政五年（一八五八）まで代官を務めた林《はやし》長孺《ちょうじゅ》（鶴梁《かくりょう》）の記録によると、林は九月から一〇月にかけて支配地を巡見しつつ、検見を行なっていた様子が見てとれる。その途中、林は、村々に手数をかけないよう非常に気遣っており、村人に余計な出費をさせないために、休憩や宿泊した村役人宅で酒などの供応があった場合は心付けを差し出した上で、以後は心遣いがないよう申し渡し、村人などから付け届けがあった場合は断ったり、返却したり、代金を支払うなどの処理を行なっている。

年貢高は村との合意の上で決定されていた

これほどまでに労力と気遣いをしながら検見を行なっても、代官が一方的に年貢高を決めることはできなかった。

代官は検見法などで年貢高を決め、年貢割付状《わりつけじょう》を村々に発給していたが、その前に年貢高を村に提示し、村役人の了承を得なければならず、百姓は、代官が決めた年貢高に納得できなければ、異議申し立てを行なうこともできたのだ。

さらに、この年貢割付状にはその村が納めるべき年貢の総額が記されており、あとの個別の割当・徴収は村で行なわれていた。これを「村請制《むらうけせい》」といい、年貢割付状を受け取った村では、村役人を中心に坪ごとに納めるべき年貢量を算出した「田方勘定帳」が作成され、その後、一人一人に年貢が割り付けられた。

年貢といっても一括で納めるのではなく、分納制が採られており、代官はその都度、小《こ》手形《てがた》と呼ばれる領収証を発行し、すべての年貢が納められると、小手形と引き換えに「年貢皆済目録《かいさいもくろく》」を出す段取りになっていた。

こうしたシステムを知ると、代官が私腹を肥やすために多めに年貢を取り立てることなど、そうそうできなかったことが分かる。

年貢の納入のしくみ

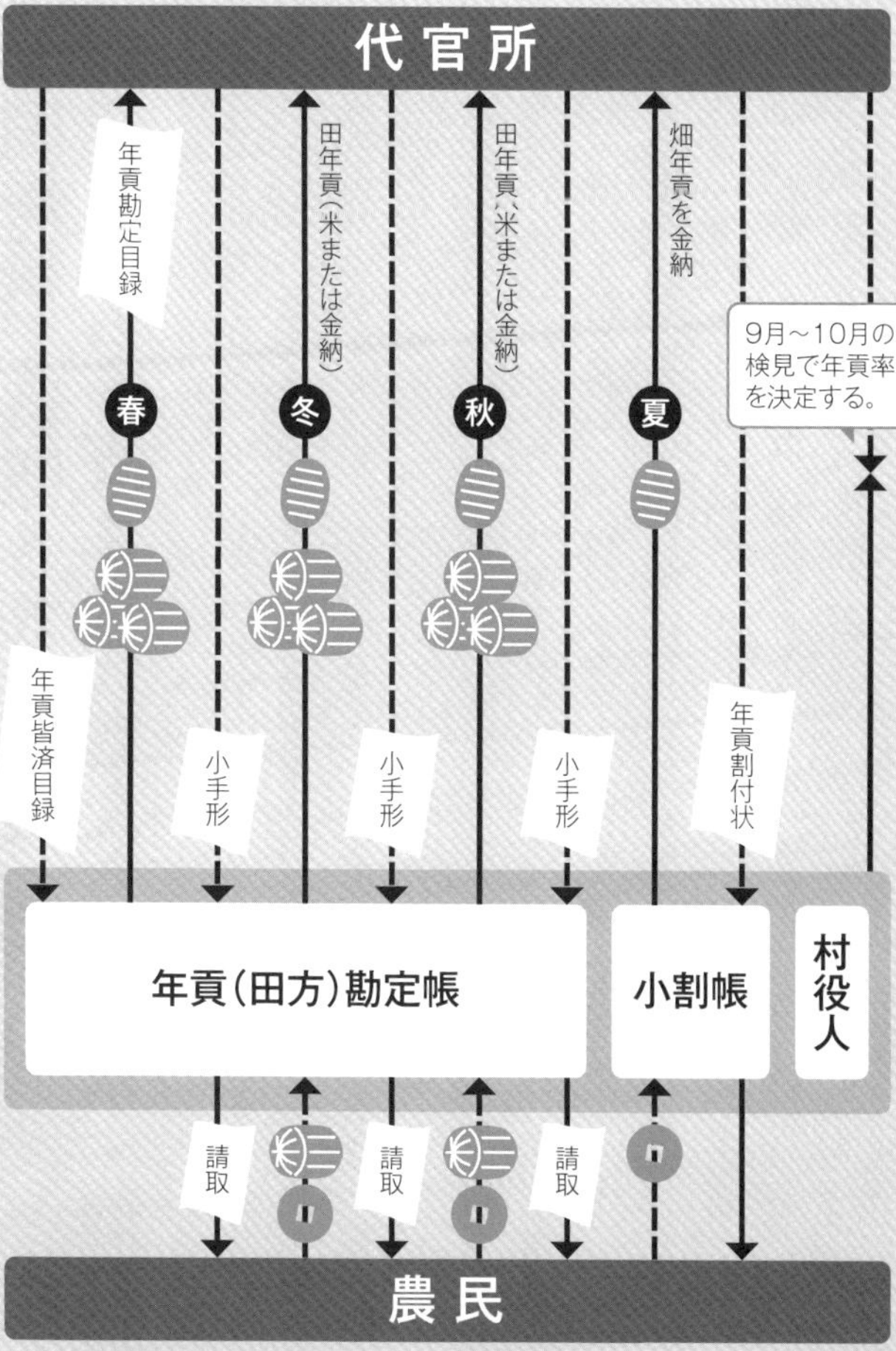

年貢は通常3回にわけて納められていた。関東の幕領では、夏に畑年貢を金納し、その後検見を行ない年貢高が決定された。これに基づき、田年貢を秋と冬にわけて納め、完納すると代官所から年貢皆済目録が発給された。

全国規模で展開された江戸初期の開発ブームを支えた代官たちの治水・灌漑技術

江戸中期の享保《きょうほう》五年（一七二〇）頃の日本列島には、約三〇〇〇万ヘクタールの耕地面積があったという。ところが、室町時代中期の宝徳《ほうとく》二年（一四五〇）の耕地面積を見ると、わずか九五万ヘクタールに過ぎない。なんと、わずか二〇〇年足らずの間に、耕地が三倍以上にも増えたのである。

この耕地拡大は、一六世紀から一七世紀にかけての戦国時代から江戸時代前期に、大規模な開発が行なわれたためだ。戦国大名や江戸時代の諸藩が、自分の領地の生産力を上げるために、荒野を切り拓いて新田開発を行なった結果である。

この大開発時代のなかで、江戸時代の代官たちも大きな役割を果たしていた。

五代将軍・綱吉《つなよし》による改革以降、代官は幕府官僚が任命され、給料制の地方公務員的な存在となったが、それ以前の代官の大半は、年貢の請負制で、新田開発をすれば業績給を受け取ることができるなどの特権があった。つまり、新田を増やし、米の収穫量を増やすほど、代官は儲かったのである。そのため、彼らは積極的に新田開発を行なった。

江戸時代初期から中期の主な開発新田

江戸時代初期、全国各地で新田の開発が行なわれた結果、耕地面積が急激に広がった。こうした新田開発には多くの代官たちが貢献している。

家康からも信頼を受けていた高い技術を持つ代官たち

とはいえ、新田開発はそう簡単なことではない。ただ野山を切り拓けばいいというものではなく、水田として生まれ変わらせるためには灌漑《かんがい》設備も必要だ。かなり困難な事業に思えるが、当時の代官は事務方というより技官的な人物が多く、新田開発や治水事業などに高いスキルを持っている人が多く任命されていた。

とくに江戸初期の代官は、中世以来の土豪出身者が多く、こうした技術を世襲で受け継いでいた人物が多くいたのである。

実際、徳川家康《とくがわいえやす》が関東を支配することになった際も、農業生産や新田開発の見通しについて世襲の地方代官から意見を聞きながら開発に臨んだといわれている。

現在、利根川《とねがわ》に並行して北武蔵《むさし》を灌漑する人工用水路に「備前堀《びぜんぼり》」と呼ばれるものがある。これは、徳川家康に仕えた伊奈忠次《いなただつぐ》という代官が開削したもので、利根川の流域に広大な水田地帯が出現する原動力となった。忠次が治水や灌漑に優れた手腕を発揮できたのは、かつて信濃国《しなののくに》に住んだ先祖が天竜川《てんりゅうがわ》の治水によって技術を身につけており、これが忠次に引き継がれていたからだといわれている。

南関東にも、小泉吉次《こいずみよしつぐ》という優秀な代官がいた。吉次はもともと家康の家臣として働いていた武将だったが、家康が江戸へ入部した直後に、家康から多摩川《たまがわ》の沿岸の視察を命じられる。多摩川流域の土地を見た吉次は、この地は水利が不便であるとして、新田開発のために用水路の開削が必要であると進言。家康がこれを許可し、その後、吉次によって六郷用水や稲毛・川崎二カ領用水が開削された。吉次はこの功績によって武蔵国稲毛・川崎代官に任命され、用水奉行も担当することになった。吉次が開発した用水は、現在も東京都世田谷区や川崎市の一部の水田を潤している。

こうした有名な代官以外にも、多くの代官が新田開発を行ない、幕領の農地は一気に増えた。代官たちは、江戸幕府の経済を支えるために年貢を徴収するだけでなく、新田開発にも大いに実力を発揮し、江戸幕府の基礎を支えていたのである。

江戸在住の代官が駆り出された将軍の趣味とは？

代官のなかでも江戸に住んだ代官が多忙だった理由のひとつが、将軍の鷹狩《たかが》りである。徳川家の歴代将軍は、とにかく鷹狩りが好きだった。戦国武将のなかでも無類の鷹狩り好きとして知られる家康の気風は歴代将軍に受け継がれ、「生類憐《しょうるいあわれ》みの令」を発布した五代将軍・綱吉の時代に一時禁止されたものの、八代将軍吉宗《よしむね》によって復活。制度化され、以後、歴代将軍が鷹狩りを楽しんだのである。

鷹狩りとは、狩猟に使うために飼いならした鷹を空に放ち、鳥や獣を捕獲するもので、江戸周辺には将軍家や尾張や紀伊、水戸の御三家《ごさんけ》の鷹場《たかば》が設けられていた。

鷹狩りのための鷹を飼育し、慣らす役目を担う鷹匠《たかじょう》を頭とする鷹方や、鷹場を管理し、将軍の鷹狩りの準備などを行なう鳥見役《とりみやく》といった鷹関係の役職が設けられていた。

このように鷹狩りには、それを担当する専門の人がいたわけだが、彼らだけですべてを運営できるものではない。将軍が鷹狩りに出かけるとなれば、休憩場、食事をするための膳所の設定などを手配しなければならないし、村々から諸鳥の生餌《いきえ》や江戸城内で消費される野菜や魚貝等を管理する仕事もある。

こうした様々な仕事は、江戸初期には代官（関東郡代）の伊奈家の職務であり、同家を通じて御用人足触当や鷹場の維持管理などが行なわれており、伊奈家の馬喰町屋敷内に鷹野掛が設けられていた。ところが、伊奈家が寛政四年（一七九二）に家中騒動の末に改易となるなどしたため廃止となり、勘定奉行兼帯関東郡代付の代官五名へと引き継がれた。さらに関東郡代が廃止されると、文化三年（一八〇六）以降は、馬喰町に詰めている三名の代官が鷹野方として担当することになったのである。

御目見だけが旨み⁉　鷹狩りの下働きをさせられた代官

鷹野方の仕事はなかなか大変だ。西沢淳男氏の『代官の日常生活』に紹介される嘉永三年（一八五〇）の鷹狩りの記録をみると、一二代の家慶《いえよし》と次期将軍家祥《いえよし》（家定《いえさだ》）、さらには御三家の鷹狩りもあり、なんと一年間に二二回も行なわれているのだ。その都度、鷹野方の代官は駆り出され、鷹狩りが首尾よく行なわれるよう奔走することになる。

同年の正月九日に行なわれた次期将軍・家祥の鷹狩りを例にとると、将軍の御成の三日前に出役である竹垣直道のもとに沙汰があり、翌日には竹垣が江戸城に登城。鷹場担当の御場掛や担当役人と打ち合わせを行なった後、その日の夕方には、今回の鷹狩りの御成先《おなりさき》へ向かい、見廻り等を行なっている。

さらに、鷹狩り当日の九時頃には膳所へ赴いて打ち合わせをし、首尾よく準備が整っているかどうかを確認。一一時頃に準備が整うとその後、鷹場へ向かい、竹垣は家祥との御目見を果たした。

御目見の栄誉に預かることが鷹野方の代官の特権ともいえるが、かといって、実際に謁見できるわけではなく、御成道にひれ伏して、将軍がその前を通過していくだけである。つまり、代官の仕事は、鷹狩りが首尾よく進むための下準備をする裏方だったのだ。役目を果たすなかで何らかの不手際があれば、成敗される可能性も十分あるのだから、骨が折れる役目だったことは間違いないだろう。

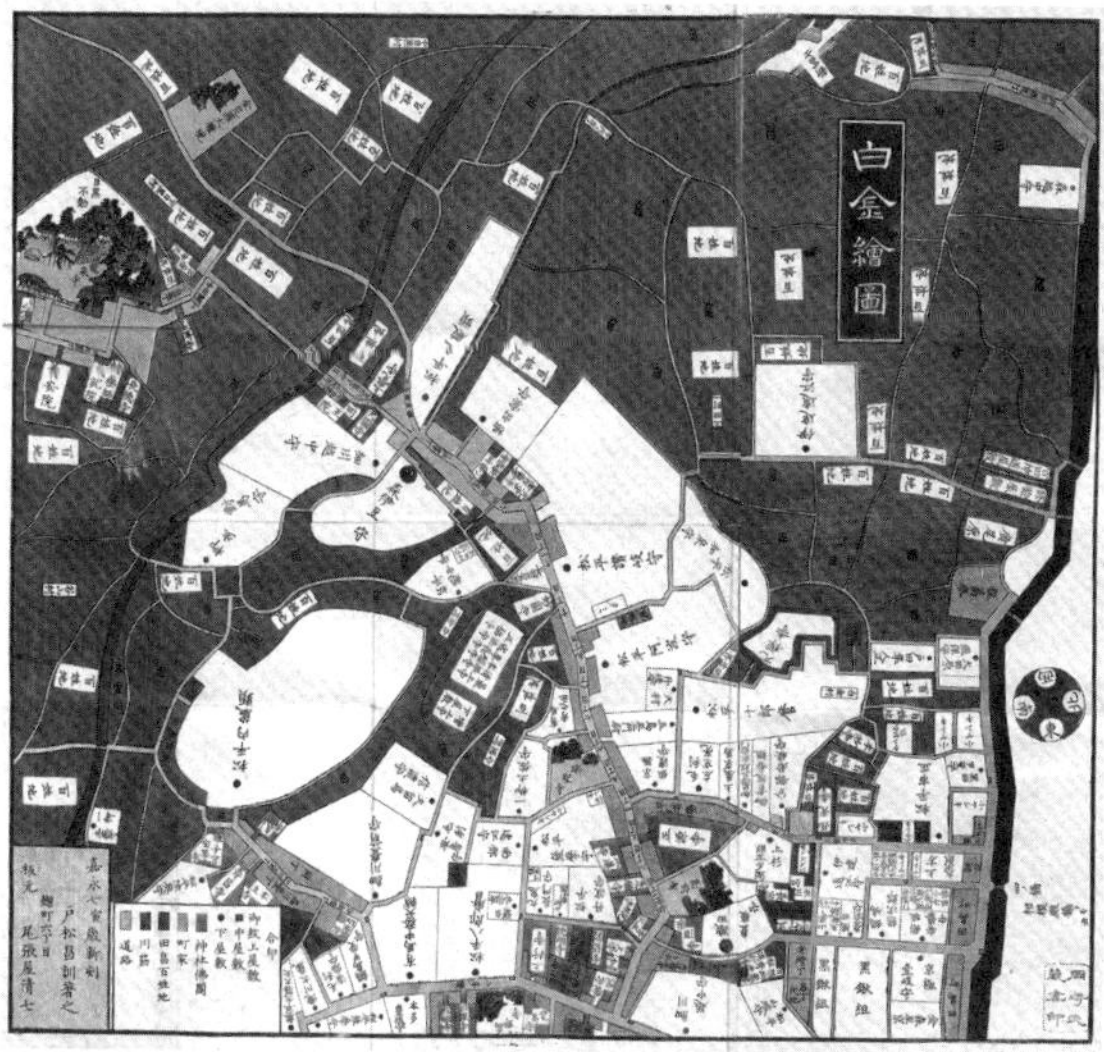

『嘉永七年白金絵図（部分）』。目黒一帯は、江戸周辺に設置された6つの鷹場のひとつ、目黒筋の中心だった。（国立国会図書館所蔵）

江戸時代に起こった百姓一揆は一件だけ!?
領民の不満はどうやって解決されたのか?

歴史の教科書などに、江戸時代にはしばしば百姓一揆が起きたと記されている。その数はなんと約三二〇〇件というから、江戸時代にはあちらこちらでしょっちゅう百姓一揆が起きていたことになる。

しかし、極端に言えば、江戸時代に起きた百姓一揆は、わずか一件のみなのだ。その百姓一揆というのが、有名な「島原《しまばら》・天草《あまくさ》一揆《いっき》」である。

島原・天草一揆は、寛永《かんえい》一四年（一六三七）一〇月下旬から翌年の二月下旬にかけて、九州の島原半島南部と天草諸島の農民が主体となって蜂起し、幕府軍に抗戦したものである。教科書などでは「島原・天草の乱」と表記されることが多く、実際に戦争状態になったのだから「乱」と呼ぶほうが正しいようにも感じるが、実はこれこそが江戸時代に起きた唯一の一揆であり、江戸幕府の正史である『徳川実紀《じっき》』にも、ちゃんと「……天主教《てんしゅきょう》（キリスト教）を奉ずるもの一揆をくはだて、松倉が城下の市井《しせい》を放火し……」と記述されているのだ。

結局島原・天草一揆は、幕府が九州諸藩を動員して圧倒的な軍事力でねじ伏せ、鎮圧された。これにより、農民が武器を持って戦っても幕府にはとうてい敵わないことが立証され、以後、農民は武器を手にして戦おうとはしなかった。

ただし、一揆がなかったからといって、百姓たちに不満がなかったのか……というとそうでもない。それが歴史の教科書に記載されている三〇〇〇件以上もの「百姓一揆」である。ただし、正確には島原・天草一揆以外は、すべて一揆ではなく、「騒動」と規定されており、農民たちが徒党を組んで訴える「強訴《ごうそ》」にあたる。一揆とは、武器を持って戦うことを指す。しかし、百姓たちが支配者への抵抗手段として行なっていたのは、あくまで槍や鉄砲などの武器を持たずに窮状《きゅうじょう》を訴えること。だから、一揆ではなく、「騒動」なのである。

規律的に行なわれていた合法的な百姓による訴え

百姓一揆の様子を描いた絵などを見ると、百姓たちは、鎌や鍬《すき》、竹槍などを手に持っている。これは武器のようにも感じるが、あくまで農具である。彼らは自らが百姓であることを示すとともに、人を殺傷する意志がないことを示している。

では、強訴とは何かというと、百姓たちが、幕府や領主に対し、徒党を組んで圧力をかけつつ要求を通そうとする行為のことである。年貢について訴えることもあれば、村役人の不正、領主による専売制の強化などに反対するなど、様々な目的があった。

時には、ただ訴えるだけでなく、不正を働いた村役人や豪農・豪商らの家屋敷や家財が打ち壊されることもあった。これを「打壊し」という。打壊しは都市部でもしばしば起きており、米屋などが襲撃された。

しかし、ここでも戦闘行為は極力避けられている。農村部でも都市部でも、人を傷つけたり、盗んだりといった悪事が起こることはほとんどなく、火元にまで注意をはらっていたという。

これらの騒動を起こす際、百姓たちは、無秩序に見えて実はあらかじめきちんと計画を立てており、鳴り物の合図に従って行動するなど、規律を保っていた。決して暴動ではない、抗議行動だったのである。

これらはいわゆる村や集落といった共同体の不満解消である。では、個人的な不満はどう解消されたのだろう。

そこで、百姓たちが行なっていたのが「張訴《はりそ》」や「捨訴《すてそ》」といわれるものだ。張訴というのは、夜中に陣屋の門扉《もんぴ》などに祈願を張り付けておくことで、捨訴とは、代官のいる門前や門内などに訴願などを投げ捨てていくことをいう。

こうした張訴や捨訴はしばしば行なわれており、代官の陣屋は、ちょっとした目安箱《めやすばこ》のような役割を果たしていたのだ。

ただ、こうした訴えには私憤や誹謗《ひぼう》中傷なども多く、そんなものに代官がいちいち対応してはいられない。これらは正式な手続きがされていない訴えだったので、代官が取り上げることはほとんどなく、訴状は捨てたという内容を三日間掲示して終わりにしていたという。

　それでも、百姓たちの張訴や捨訴はなくならなかったというから、幕領の人々にとっては、日頃のうっぷん晴らしになっていたのかもしれない。

江戸時代の主な一揆・騒動

寛永14年（1637）	島原・天草一揆（島原の乱）
承応元年（1652）	小浜藩領承応元年一揆
延宝５年（1677）	郡上一揆
貞享３年（1686）	貞享騒動（加助騒動）
元禄３年（1690）	山陰・坪谷村一揆
享保７年（1722）	**越後質地騒動**
享保11年（1726）	美作津山八千人暴動
享保14年（1729）	岩代五十四ヶ村農民暴動
元文４年（1739）	元文一揆（勘右衛門騒動）
宝暦３年（1753）	籾摺騒動
宝暦11年（1761）	上田騒動
明和元年（1764）	**伝馬騒動**
明和５年（1768）	新潟明和騒動
明和８年（1771）	虹の松原一揆
明和８年（1771）	**大原騒動**
天明元年（1781）	絹一揆
寛政５年（1793）	武左衛門一揆
文化元年（1804）	牛久助郷一揆
天保７年（1836）	**天保騒動（郡内騒動、甲斐一国騒動）**
天保９年（1838）	佐渡一国一揆
天保13年（1842）	**近江天保一揆**
弘化４年（1847）	三閉伊一揆

※太字は幕領内で発生したもの。

即判決は不可能だった代官の裁判 ほとんどは内済によって平和が保たれた？

代官の重要な仕事の一つに「公事方」がある。公事方とは、警察や裁判関係の仕事で、代官所や代官屋敷には裁判を行なうための白洲《しらす》も設けられていた。

白洲といえば、後ろ手に縛られた凶悪犯に対して磔《はりつけ》・獄門《ごくもん》などの判決を言い渡し、「これにて一件落着！」となるイメージがあるが、代官所で行なわれた白洲での裁判は、そんなカッコ良いものではなかった。

そもそも江戸時代は殺人や強盗などの凶悪事件が、意外と少なかった。百万人都市にまで発展していた江戸ですら、年に多くて数件だったというのだから、意外とのどかだったのだ。これが地方ともなればさらに少なくなる。

しかも当初、代官には裁判権がなく、寛政六年（一七九四）になってようやく博打などの軽犯罪を決裁できる手限仕置権《てぎりしおきけん》が与えられただけだった。

それ以外の事件では、代官が事件を吟味《ぎんみ》して判決を言い渡すことなどできず、事件が起きるたびに口書《くちがき》と呼ばれる書類を作成して勘定所へ届け、決裁を仰がなければならなかっ

白洲之図。罪人に裁きが言い渡される代官所の白洲の様子。(『徳川幕府県治要略』より/国立国会図書館所蔵)

た。

つまり、代官が裁決を言い渡すといっても、勘定所にお伺いを立てて決まったことを伝えるだけであり、『大岡越前』や『遠山の金さん』に見られるような胸のすくような判決を見ることはなかった。

これは民事事件でも同様で、代官はその都度勘定所に報告して伺いを立てなければならなかった。

しかも、民事事件の吟味は六カ月を超えないようにしろ、もしそれより長くなる場合は趣意書を届け出ろ、など、事細かい制約もあったのだから、代官はたまったものではない。代官にしてみれば、訴訟などできるだけ起きてほしくないと思っていたことだろう。

「ナイショ」という言葉を生み出した江戸時代の裁判事情

そうした代官の願いに反して、江戸時代は民事訴訟が頻発する訴訟社会であった。江戸時代の民事事件には、訴願と訴訟の二種類がある。

訴願は、村の利害にかかわる出来事などを幕府などの行政機関に申し出ることで、現代でいえば陳情のようなもの。一方の訴訟は、裁判機関である奉行所や代官所に訴え出るケースである。

こうした民事訴訟が非常に多かったために、江戸や代官所の近くには裁判や訴訟のために地方からやって来た人々を専門に泊める「公事宿《くじやど》」が誕生した。公事宿では、訴訟の書類の作成などの手続きの代行や、訴訟の弁護まで行なっていたのだ。公事宿は当初は幕府非公認だったが、江戸後期には幕府公認の宿となるほど一般的なものとなったのだ。

このように、裁判のためのシステムはある程度できていたものの、いざ、裁判となれば当事者が奉行所や代官所の近くに長く逗留しなければならないし、これにかかる諸経費もすべて訴訟人の自腹である。その費用は膨大だったし、長く村を離れなければならないので農作業にも支障が出るなど、様々な問題が生まれた。

そのため裁判を担当する町奉行は民事の訴えがあっても、できるだけ「内済《ないさい》」、現代でいう示談にしようと努めた。代官も同様で、代官はまず当事者と会い、なんとか示談で納めるように促したのである。

示談に応じず裁判となった場合でも、吟味と勘定所への報告を行ないながら、なんとか示談に持ち込むよう勧告し続けたという。

天保四年（一八三三）に八王子宿周辺の人々が、米穀問屋仲間が米価を不当に吊り上げていると伊豆韮山《いずにらやま》代官の江川英龍《えがわひでたつ》に訴え出たときのこと。訴えを受けた江川は、現地で解決するよう差し戻し、不調に終わったら代官所に出頭せよと命じている。結局その後の示談で和解が成立したようで、示談の内容が代官への感謝の言葉とともに代官所へ提出されている。

また、村人同士の喧嘩《けんか》や窃盗事件なども、本来なら勘定所に届け出て裁判にしなければならないが、代官は小さな事件であれば、できるだけ表向きにせず、内々に物事を済ませるよう尽力していた。

こうして表ざたにせずに内済で済ませることを「内証《ないしょう》」という。現代の「ナイショ」という言葉の語源は、この「内証」である。

二六〇年にも及んだ江戸時代の幕領のあちこちで小さな事件や民事事件が数多く起きており、その多くが代官の説得によって大事に至ることなく解決されていたのである。

領民の結婚の世話も代官の仕事!?陸奥代官・寺西封元の活躍

江戸時代において、娘は非常に重要な存在だった。娘は子を産む者であり、働き手でもあったからだ。江戸時代は、乳児の死亡率が非常に高かったため、できるだけ多くの子どもを産むことが必要とされていた。しかし、子育てには経済力も必要なため、家族形成と経済力の確保は難しく、人手不足から荒廃する村も少なくなかった。

たとえば、相馬《そうま》中村藩では、天明《てんめい》二年（一七八二）から天明八年（一七八八）にかけて東北地方を襲った天明の大飢饉《だいききん》により、四万八〇〇〇人余りいた人口が三万二〇〇〇人にまで減少するという危機に見舞われた。

そこで北陸から移住民を招いて復興させようとしたのだが、働き盛りの男ばかりが移住してきてしまう。これでは今後の人口増加には繋がらない。やむなく天保六年（一八三五）、藩は代官に命じて飢餓に苦しむ最上《もがみ》領から女を買い入れ、妻のいない男たちに配当することにしたのだが、その買い入れ代金や経費が嫁とりを願う男たちの自腹だったため、資金を用意できる男が少なく、結果的に成功しなかった。

そうしたなか、荒廃した村を救った名代官がいた。寛政四年（一七九二）に磐城国白河《いわきのくにしらかわ》郡塙《ぐんはなわ》の幕領六万石と小名浜の幕領三万石の代官に就任した寺西封元《てらにしたかもと》である。

封元が代官に就任したのは、天明の大飢饉後のことで、当時、領内は荒廃しきっていた。領内を巡視した封元は、あまりの惨状に目を見張り、直ちに領内の立て直しを図った。

彼が復興の柱としたのも、はやり人口増加策である。

まず、廃村寸前の村には、越後国から幼児を連れてきて与え、将来の働き手の確保に努めた。さらに幕府に請うて、江戸伝馬町《てんまちょう》の牢獄から軽い罪で入牢していた男女の囚人を領内の村に連れてきて、労働に加わらせるという思い切った策を講じている。

この時、封元は、獄衣《ごくい》のまま村に入らせるわけにはいかないと、綿服や褌《ふんどし》、腰巻、手ぬぐいなど衣料を用意し、鬼怒川《きぬがわ》河岸の阿久津《あくつ》で全員を着替えさせたという。

幕領に着くと、労働力不足に陥っている村から優先的に配置し、妻と死別して女囚を後妻にしたいと申し出た村人には、夫婦にした上で無利子十カ年賦で金銭を貸し与えることもした。武蔵・川越の遊郭《ゆうかく》が廃止された時には、頼る者がなく困窮した遊女を連れてきて、独身の男性と結婚させることさえしたのだ。封元は婚活の世話までしたというわけである。

寺西の施策はうまくいったようで、幕領は徐々に復興。こうした功績から、寺西封元はのちに勘定組頭に昇進している。

お代官様は農村復興の立役者！農民たちに道徳を教える先生でもあった！

代官は、年貢を徴収する徴税官でありながら、土木工事や治安維持など幅広い業務をこなしていた。ただ、功績はそれらだけではない。飢饉に見舞われた農村を復興するため、農民たちに道徳教育を施す教師としての側面も持っていた。

とくに天明の大飢饉のあとで各地を治めた代官は、松平定信《まつだいらさだのぶ》による寛政の改革のもと、農民教化に力を入れている。飢饉に見舞われた農村では当時、逃散《ちょうさん》や口減らしのために赤子を殺す間引《まび》きが横行し、荒廃しきっていた。そこで文人的素養のある人物が代官に抜擢され、農村復興を行なっていたのである。

なかでも後世に語り継がれた名代官は、出羽国尾花沢《おはなざわ》代官、美作国久世《みまさかのくにくぜ》代官を歴任した早川正紀《はやかわまさのり》である。

飢饉の最中に尾花沢陣屋に着任した正紀はまず農民の意識を改革するために「六本の教」をつくった。「酒食を過ごすのは病を生じる本である」「言を敬わないのは禍《わざわい》の本である」「思案をしないのは過の本である」「私欲が深いのは身を殺す本である」「倹約ができないのは困窮の本である」「怒りをこらえないのは争いの本である」と、全六か条で道徳的規範を示したのである。さらに久世陣屋に転任してからは、農民たちへ学問を教えるための仮教諭所を設け、農村復興のための教化に務めている。

前述した寺西封元も、道徳教育を行なっている。

封元は、農村で行なわれていた間引きや堕胎の風習を止めるため、『子孫繁昌手引草《しそんはんじょうてびきぐさ》』という小冊子をつくり、これを領内に配布した。封元はこのなかで、「親へは孝行を尽すのが子の道と同じにて、子をばいつくしむのが、親たるものの道」「それを殺すのが罪深きに相違なく」と、間引きが罪深い行為であることを、農民に伝わるよう難解な表現を避け、できるだけ易しい文章で説いている。

さらに封元は教化だけでなく、実行にも力を入れている。出生届が出されれば、封元は困窮の度合いに応じて一両から二両ばかりの子育養育料を給付し、間引き禁止を徹底させようとしたのである。

こうした正紀や封元による教化政策のおかげで、各地の農村は次第に活気を取り戻していった。埼玉県八潮市、栃木県真庭市、岡山県笠岡市には、正紀の徳を偲ぶ碑が、福島県塙町には封元を祀る寺西神社がそれぞれ建てられている。農民に寄り添い、農村を復興させた名代官たちが、いかに慕われていたのか偲ばれる場所である。

農民VS代官！ 駕籠訴に逃散、強訴と年貢の徴収に抵抗した農民たち

代官が支配する幕領では、検見などで年貢の額が決定し、それを農民が代官を通して幕府に納めるというシステムが採られていた。

代官が村役人に年貢割付状を渡すと、それを村役人が一軒ずつの農民に小割りして、各家の納入額を決めるのである。

年貢の基本は、五公五民、もしくは四公六民とされていたが、減免などがあったので、幕領での実態は三公七民、二公八民程度だったようだ。代官は農民を苦しめてはならないとされていたので、その点を充分に留意して年貢高を決めており、幕領の農民はかなり配慮されていたといえるだろう。

しかし、それでも年貢が農民にとって負担であることに変わりはなく、年貢率が低いに越したことはない。時代劇などでは、悪代官に高額な年貢を取り立てられ、苦しむ農民の姿が描かれることがあるが、実際には代官がきちんと年貢率を算定していても、農民たちは年貢から逃れようと様々な抵抗を行なっている。

まず検見の際には庶民のゴマスリが見られた。代官や手代がやってくる道を掃除する一方、接待の用意をして代官たちの到着を待つ。代官が到着すれば村境で迎えて饗応《きょうおう》し、進物を献上するなどして便宜を図ってもらえるよう持ちかけたのである。

百姓の訴えてクビになった代官も！

代官との関係が悪化した際に行なわれる百姓の抵抗手段のひとつが、先に述べた騒動であるが、下手をすると武力で鎮圧される恐れもあった。そこでよく使われたのが、逃散である。

逃散とは、農民が家屋敷や田畑を捨てて、集団で近くの村や山中、さらには隣接する藩領などに逃げ込んでしまうことをいう。単に逃げるのではなく、年貢課税の減免や、非法な代官の罷免といった要求を通すために行なうもので、要求が認められない場合に、村を挙げて行動に出たのである。

家屋敷や田畑を捨ててしまうのだから、逃げることは農民にとって不利なように思えるが、実は逃散があると困るのは代官のほうだった。なにしろ年貢を取り立てなければならないのに、農民が逃げてしまっては米が育たない上、自分の管理能力を問われてしまうことになるからだ。

しかも、幕府や諸藩としても、農民に逃げられ年貢が取り立てられないようなことになれば、財政に大きく影響が出る。

そのため、農民が逃散した場合は、農民の訴えを聞き入れ、処罰せずに帰農させることが少なくなかった。

たとえば、元禄《げんろく》三年（一六九〇）には、日向国臼杵《うすき》郡延岡藩領《ぐんのべおかはんりょう》山陰・坪屋《つぼや》両村が、郡代の苛政に抵抗して逃散する事件が起きた。なんと両村合わせて三〇〇軒余、男女一四〇〇人が、牛馬百頭を牽いて逃げ出すという大規模なもので、鉄砲四九挺を持って隣りの高鍋藩領に駆け込んだのである。この逃散では、農民側にも処罰された者が出たが、郡代と代官が追放されている。

老中など幕府の高官に直接訴える駕籠訴《かごそ》もよく行なわれた農民の抵抗手段である。訴状を持った農民が突然老中の駕籠へ駆け寄り、「お願いの筋がございます」などと悲壮な顔で書状を突き出すシーンなどが描かれることがある。これが駕籠訴である。

そもそも何かを訴える場合、農民が代官の頭越しに幕府に訴えるのは「越訴《おっそ》」と言って違法とされており、決行した農民のほうも罰せられる覚悟が必要だった。代官の面目も丸潰れとなるのだが、代官に訴えても決裁権はなく、内証にされるのがオチなので、百姓たちは江戸へ上って代官の頭越しに幕閣に陳情したのである。

武力を用いない農民の抵抗

逃散	農民が自分の耕作地を放棄して逃亡する行為。困窮のうえの夜逃げとは異なり、村を挙げてなど集団で行ない、年貢の支払いを停止する。
門訴	代官の屋敷の門前に集まり訴えを起こすこと。強訴の一歩手前の状態であり、乱闘に発展するケースもあった。
愁訴	農民が単独で役人に実情を訴えること。
越訴	代官を差しおいて上級役人に訴えること。直訴者は厳刑に処されるが、代官も管理責任を問われた。
駕籠訴	禁令を破って幕府の有力者や大名に訴状を出す行為。訴え出る相手が駕籠で通過する場所に待受けて訴状を渡した。

農民による代官を超えての訴えは代官の面目を潰し、処分にまで追い込んだ。

しかも代官の頭越しは違法になるからと、何か訴えを起こす際には、代官の非法をでっちあげて一緒に訴え、駕籠訴を正当化しようとするケースもあったというから、代官はたまったものではない。

勘定奉行にお伺いを立てながら、せっせとまじめに働いていた代官でも、農民からパワハラだなどと責め立てられて逃散や駕籠訴などを起こされてしまえば、処罰も覚悟しなければならなかった。

こうした農民と幕府との間で板挟みとなりながら働いていた代官は、まさに中間管理職の悲哀を感じていたことだろう。

災害が起きると、自己責任で罹災者救済に奔走した代官

平和な印象が強い江戸時代だが、実は大地震や大噴火などの自然災害に加え、都市部では町を焼き尽くす大火や疫病、農村部では天候不順や災害に伴う飢饉が多発した時代である。

戦もなく、のどかな時代に思えても、人々は様々な困難と向き合っていたのである。

たとえば、「火事と喧嘩《けんか》は江戸の華」という言葉が生まれたほど江戸は火事が多く、しかも、当時の建造物は木造であったから、耐火性などなきに等しく、一度どこかで火がつけば瞬く間に延焼してしまう。

明暦《めいれき》三年（一六五七）一月一八日から二〇日朝まで断続的に出火が続いた明暦の大火は、江戸市中を焼き尽くし、一〇万人にも及ぶ死者を出す大惨事となった。

宝永四年（一七〇七）一〇月四日には、遠州灘《えんしゅうなだ》沖および紀伊《きい》半島沖を震源とし、マグニチュード八・四と推定される巨大地震が発生。その混乱も落ち着かない同年一一月二三日には、富士山が数百年ぶりに噴火して全国に火山灰が降り注ぎ、農作物に深刻な被害を与

えた。なかでも武蔵《むさし》・相模《さがみ》・駿河三国が甚大な被害を被っている。

さらに安政年間（一八五四〜六〇年）は、日本が地震に祟られたともいえる時期で、各地で巨大地震が続発し、大きな被害を与えたのである。

災害対策のシステムが構築されていないなかで奔走した代官

では、こうした災害が起きた時、幕府はどのような対応を行なったのかというと、明暦の大火の際には、炊き出しや死者の埋葬、供養塔を建てるなどの対策を取り、富士山の宝永噴火の際には、全国の幕領や大名領から復興資金を集めるなど、臨機応変な対策が取られた。

とはいえ、江戸時代には災害が起きた時のために予算を策定して計画的に復興を行なうという発想がなく、何のシステムも構築されていなかった。しかも、災害に対応するのは領主自身というのが基本方針であったから、幕領での災害救助と復興の矢面に立たされたのは、必然的に代官たちとなる。

災害発生時には領内が混乱の極みに達するものの、彼らの多くが暗中模索のなかで臨機応変に対応し、自らが治める領内の民衆を救うために奔走している。

では緊急時における代官たちの役割を、実例からひもといてみよう。

災害シミュレーション①

飢饉

領民たちを飢えさせぬために、代官たちが処罰覚悟で選択した窮余の行動とは？

江戸時代には、天候不順や火山の噴火などの災害によって引き起こされる飢饉が全国的にたびたび記録されている。代表的な天明の飢饉は、天明二年（一七八二）の冷害による凶作がきっかけで、翌年には浅間山《あさまやま》が大噴火したことが農村の窮乏に拍車をかけた。

飢饉となると農村の食糧不足が深刻化するばかりか、米価は高騰し、飢えた人々は草木の芽や樹皮などを採り尽くし、地域によっては食人も記録されるほどの惨状を呈する。

この飢饉で米の供給がストップし、飢餓の危機に陥った江戸を救ったのが、代官（通称関東郡代）の伊奈忠尊《ただたか》である。伊奈家は二七万四〇〇〇石にもおよぶ広大な幕領を支配し、家禄四〇〇〇石、四〇〇人もの家臣を抱える大身の旗本である。安永《あんえい》六年（一七七七）にその家督を継いだ忠尊は翌年代官となり、関東諸代官の筆頭となった。

代官就任間もなく天明の飢饉に直面した忠尊は、当時、まだ二四歳という若さだったが、すぐさま幕府から二〇万両の金を受け取ると、支配下の関東諸国から短期間に米や麦を高い価格で買い集めることに成功。この米を江戸市中に供給して打壊しが続発していた江戸

江戸時代の飢饉と代官の飢饉対策

飢饉の名称	被害の中心
寛永の飢饉（1640-1643）	東日本の日本海側
延宝の飢饉（1674-1675）	全国
天和の飢饉（1682-1683）	全国
元禄の飢饉（1691-1695）	東北地方
享保の飢饉（1732-1733）	西日本（中国・四国・九州）
宝暦の飢饉（1753-1757）	東北地方
天明の飢饉（1783-1788）	東北地方
天保の飢饉（1833-1839）	東北地方

代官の対応

・救い小屋の設置　・炊き出し
・米はらい　・米の買占めの禁止

天明の飢饉をはじめ、江戸時代には飢饉が多発した。困窮する農民たちに救いの手を差し伸べたのは代官たちだった。

町方を救済し、事態を収拾したのである。

私財をなげうってまで農民救済に尽力した代官たち

地方でも代官の活躍は枚挙に暇《いとま》がない。享保《きょうほう》一六年（一七三一）、六〇歳で石見《いわみの》国《くに》大森《おおもり》代官に任ぜられた井戸正明《いどまさあきら》は、現地を訪れ、村々の窮乏ぶりに驚いた。そこで、私財をなげうつと同時に、富農から義損金を募集し、他国から安い米や雑穀を買い入れて、困窮する人々を助けたのである。

さらに、翌享保一七年（一七三二）には、享保の飢饉であえぐ農民たちを救うために、幕府に無断で陣屋の蔵にあった米を農民に配る「米はらい」を行なうと同時に、各村に免税を布告した。配下の役人は、幕府のお咎めを心配して反対したが、正明は善政であれば勇気をもって実施するべきだとして、自らの判断で動き、領民を飢えから救った。結局正明は、無許可の米はらいを咎められ、翌年に罷免《ひめん》。沙汰を待つ間に自害して果てた。

天保の大飢饉が陸奥を襲った際には、代官・島田政富《しまだまさとみ》の活躍が知られる。彼は凶荒に際して年貢の収納を独断で延期すると同時に、江戸に救助米の輸送を依頼した。さらに勘定所の許可なく「米はらい」を断行し、領民に配布したという。これを受けて領内の富農も米や銭を出して政富を助けたとされるが、井戸正明同様、島田政富も無許可での蔵の開放を咎められて免職。江戸にて書物奉行となったが、彼を慕う農民が代官復帰をしきりに願い出たため、天保一四年（一八四三）に桑折《こおり》代官として復帰している。

こうした「米はらい」のほかにも、代官は飢饉に対し、様々な対策を取っている。

文政《ぶんせい》一二年（一八二九）より飛騨郡代《ひだぐんだい》を勤めた大井永昌《おおいながまさ》は、天保の飢饉の際に備荒《びこう》用の囲籾《かこいもみ》を金に買えて村々に貸し与え、米価を抑えるために米の買占めを禁じる策を取っている。また、井戸正明については飢饉に強い作物として、サツマイモの栽培を促進するなど、飢饉に備えた政策も注目される。

このように代官たちは、ひとたび起これば領内を荒廃させ、惨状をもたらす飢饉に対し、素早い対応で被害を最小限に抑える努力をしていたのである。

災害シミュレーション②

噴火

身の危険を顧みず代官たちは被災地へと乗り込んだ

江戸時代は、記録に残っているだけでも一八〇回以上もの火山噴火があった。その規模は様々だが、とくに甚大な被害をもたらしたのが、宝永《ほうえい》四年（一七〇七）の富士山、天明三年（一七八三）の浅間山、寛政四年（一七九二）の雲仙普賢岳《うんぜんふげんだけ》の三大噴火である。

噴火が起きれば、田畑が火山灰で覆われて生産性が落ちる。火山灰は雪とは違うので、積もれば取り除かない限り田畑での耕作ができない。年貢に大きな影響が出るのは必至の上、食べ物が不足して飢饉となってしまう。

では、重機のない江戸時代にどのような復興対策が講じられたのか？　富士山の噴火の際をモデルに、復興担当者の奮闘ぶりを紹介しよう。

幕府に無断で農民のために蔵を開いた名代官

富士山の噴火で復興にあたったのは関東郡代の伊奈忠順《ただのぶ》だった。

宝永四年（一七〇七）一一月二三日午前一〇時頃に始まった富士山の噴火が収まったの

は一二月九日のことである。酒井茂之氏の『大江戸災害ものがたり』によると、この間、宝永火口から吹きあがった火山灰や火山礫《れき》は、周辺約八〇キロメートル四方に及び、偏西風に乗って駿河国《するがのくに》の御殿場《ごてんば》から相模国の北西部、さらには江戸、一〇〇キロメートル以上も離れた房総半島まで運ばれた。降灰量は須走村《すばしりむら》（小山町）で約三メートル、小田原で約九〇センチメートル、相模国藤沢宿で約二四センチメートルにも及んだ。

降灰が多かった地域では、田畑がスコリア（焼け砂）や灰に覆われ、水路も埋没し、耕作再開の目処は全く立たなかった。最も被害が大きかった駿東郡と足柄上郡は小田原藩の領地で、藩では米を配るなどの救済措置を行なったが、藩の力だけでは救済も復旧も手に負えない。そこで小田原藩主の大久保忠増《ただます》は、被害が大きかった約六万石の領地を幕府に返上して幕領とすることで、幕府の力で救済・復興をしてもらおうとしたのである。

この旧小田原藩の六万石と、元々幕領だった駿河・相模国の総奉行に命じられ、復興を担当することになったのが架橋や治水工事を手掛けた経験を持つ伊奈忠順《ただのぶ》だった。

しかし、復興への道はあまりにも厳しかった。忠順は、何度も江戸と被災地を往復し、噴出物が川底に堆積し、洪水の危険があった酒匂川《さかわがわ》を浚《さら》う工事や、備前岡山《びぜんおかやま》藩や越前大野《えちぜんおおの》藩などに砂除けの手伝い普請《ふしん》を依頼し、酒匂川流域の村々には自力で砂除けをする際の補助金を出すなど、次々に方針を定め、幕府に進言して対策を進めていった。

天明噴火により日本中に甚大な被害をもたらした浅間山。

しかし、駿東郡足柄や御殿場村などは、その被害があまりにも甚大だった上、その年の収穫はもちろんのこと、翌年の収穫も見込めない状況だった。にもかかわらず幕府の救援が見込めない土地だったために、農民らは飢餓に苦しみ、村を捨てての家族離散も続出していた。惨状を見かねた忠順は、幕府に無断で駿府にあった幕府の米蔵を開いて一万三〇〇〇石を分配し、多くの農民を救ったのである。

しかし、幕府に無断で蔵を開いたことが後に問題視され、忠順はお役御免に処せられ、復興途中の正徳二年（一七一二）二月割腹して果てた。幕府には処罰されたが、彼の功績は高く賞讃され、須走地区には彼の遺徳を偲ぶ伊奈神社が建てられている。

災害シミュレーション③

大火

大火で家屋を失った領民に救済拝借金で復興を援助

江戸時代は、実に火災の多い時代だった。大火だけでも江戸で三〇回、京都や大坂でも一〇回以上もあり、城や天皇の御所《ごしょ》が焼失したこともある。江戸城の天守も、明暦三年（一六五七）一月に起きた明暦の大火で焼失し、以後、再建されることはなかった。

その江戸城天守を焼いた明暦の大火の被災地は現在の千代田区・中央区両区あたりで、当時はこれが江戸の大半だった。まさに江戸を焼き尽くしたといっても過言ではない。大名屋敷一六〇、旗本屋敷七七〇余、町四〇〇町、寺社三五〇、橋六〇、倉庫九〇〇〇という大被害となり、死者は一〇万人にも及んだといわれている。幕府は死者の埋葬を行ない、弔うための念仏堂を建てた。これが現在の両国にある回向院《えこういん》である。生き残った被災者には市内各所で粥《かゆ》を炊き出しするなどの救援措置も取っている。

この大火の後、幕府は広小路《ひろこうじ》と呼ばれる火除《ひよ》け地、防火堤の築造をはじめ、大名屋敷の再配分、寺社の郊外移転、吉原《よしわら》の浅草移転などの防火対策を行ない、江戸の町は新たに生まれ変わった。また、八代将軍となった吉宗は、火災に備えて瓦葺《かわらぶき》屋根や土蔵づくりなど

『むさしあぶみ』に描かれた明暦の大火における浅草門の惨状。役人が浅草門を閉めたことで逃げ場を失った多数の避難民が炎に巻かれた。

不燃性建築を奨励し、火の見櫓《やぐら》の制度、町《まち》火消《びけし》の創設などの政策を行なっている。

江戸のような大都市で大きな火災が起きれば幕府が対策に動くが、地方ではそうはいかない。そのため、地方で火災が起きた際には、代官が中心となって領民を助けるために働いた。

天保の飢饉に直面した前述の飛騨郡代・大井永昌は、天保三年(一八三二)の八月と一一月に、高山町の大火にも遭遇している。ここで永昌は、類焼者五五五軒に救済拝借金として一戸につき金三分ずつ貸与している。「拝借金」は返済の義務を伴うものの、無利子で貸し与えるものである。ただし、裕福な者と大火の火元となった者は対象外だった。

災害シミュレーション④

地震

代官所崩壊！ 連絡途絶！ 非常時に代官が取った処罰されない救済法

江戸時代は地震が多発した時代でもあった。特に安政時代は、嘉永《かえい》七年（一八五四）六月一五日の「伊賀上野《いがうえの》地震」を皮切りに、十一月四日には「安政東海地震」、翌日に「安政南海地震」、さらに翌年の一〇月には「安政江戸地震」といった具合で、江戸から西の日本列島が大地震に次々と見舞われた。

江戸を襲った安政大地震の折には、町奉行が直ちに事態の全容をつかむために情報収集に奔走する一方、幕府が救助に動いている。また、諸藩から参勤交代のために江戸へ上っている藩士たちが多かったこともあり、震災後、全国へ江戸の様子を知らせる伝令がもたらされた結果、各地から援助金や物資が続々と送られ、復興は早かったようだ。

では地方で起きた地震に対し、幕領の代官たちはどのように対応したのだろうか。

東海道・東山道・南海道にわたって起きた安政東海地震の際に、遠江国中泉代官を務めていた林長孺《はやしちょうじゅ》が詳細な記録を残している。

この地震では、津波もあり、被災地では推定三万五〇〇〇戸が倒壊・流出し、六〇〇〇戸が焼失。代官の陣屋も一部の長屋を除いて倒壊し、馬も一頭圧死したという。

本来代官の裁量を見れば、領民の救助も勘定所へ意見具申《ぐしん》のうえで指示を待って行動しなくてはならないのだが、被害が広域に及ぶ災害だから、幕府との連絡は途絶する。

林長孺はまだ余震が続く五日、槍持ちほか三名を従えて牢屋を見廻って囚人一人一人を確認すると、独断で蔵を開いて穀物を難民に分け与え、さらに被害の大きい袋井《ふくろい》宿に対し即決で隣村の旗本領から米二五俵を借り、代官所からも一〇〇両を貸し出した。その後、余震が続くなかで配下の手付《てつき》や手代《てだい》を動員して村々の状況調べを行ない、粥の炊き出しや、金銭や米、籾の貸し渡しなどを行なったのだ。

さらに、家財道具も家もない状態で冬を迎える農民たちのために、潰れ家・半潰れともに、平均一軒につき金一分ずつを代官所で立て替えて貸し渡した。これらはすべて自己裁量で行なったものである。勘定所に対しては、措置を行なったあとに報告を行ない、事後承諾を受ける形で進めていたようだ。また駿府代官の大草政修《おおくさせいしゅう》は、東海道各宿に貯蔵してある非常用の囲米二三五七俵を開放するよう、勘定所へ働きかけている。

さらに林長孺は地震災害を教訓として、恵済倉《けいさいそう》という貯蓄倉の設立を発案し、幕府に提議した。この案は長孺の在任中には完成しなかったが、後任の代官が引き継ぎ、やがて貯蔵米を金に換えて利殖するようになり、明治に入ると、町の基本財源となった。

世襲制から試験での登用へ……代官はどのように選ばれたのか？

江戸時代の代官が最下級の旗本から選ばれたことは前述したが、旗本と言っても例外なく有能なわけではない。これまで見てきたように、代官は並の能力では勤まらない職であった。では、数多くの旗本のなかから、代官がどのように登用されていたのか。

旗本が幕府官僚として就職することを「御番入《ごばんいり》」といい、役職は両番家筋《りょうばんいえすじ》、大番家筋《おおばんいえすじ》、小十人家筋《こじゅうにんいえすじ》の三ランクに分かれていた。両番家筋は家禄の目安が三〇〇俵以上、大番家筋が二〇〇俵以上、小十人家筋が一五〇俵以上である。このランクは、家の由緒や家禄、先祖の職歴や父親の現職などで決まってしまうので、本人の才能はほぼ関係がなかった。

このうち代官は最下級の小十人家筋に該当する。

登用方法はいくつかあり、その傾向は、時代によってかなり違いがある。

江戸初期の代官は、検地や新田開発、用水・灌漑設備等の専門技術の継承などが必要だったため、検地を担当し、農政や土木を得意とした徳川家康の側近グループや、神職、商人など在地の有力者が任命され、大半が世襲であったが、開発ブームも落ち着いた江戸中

代官への道

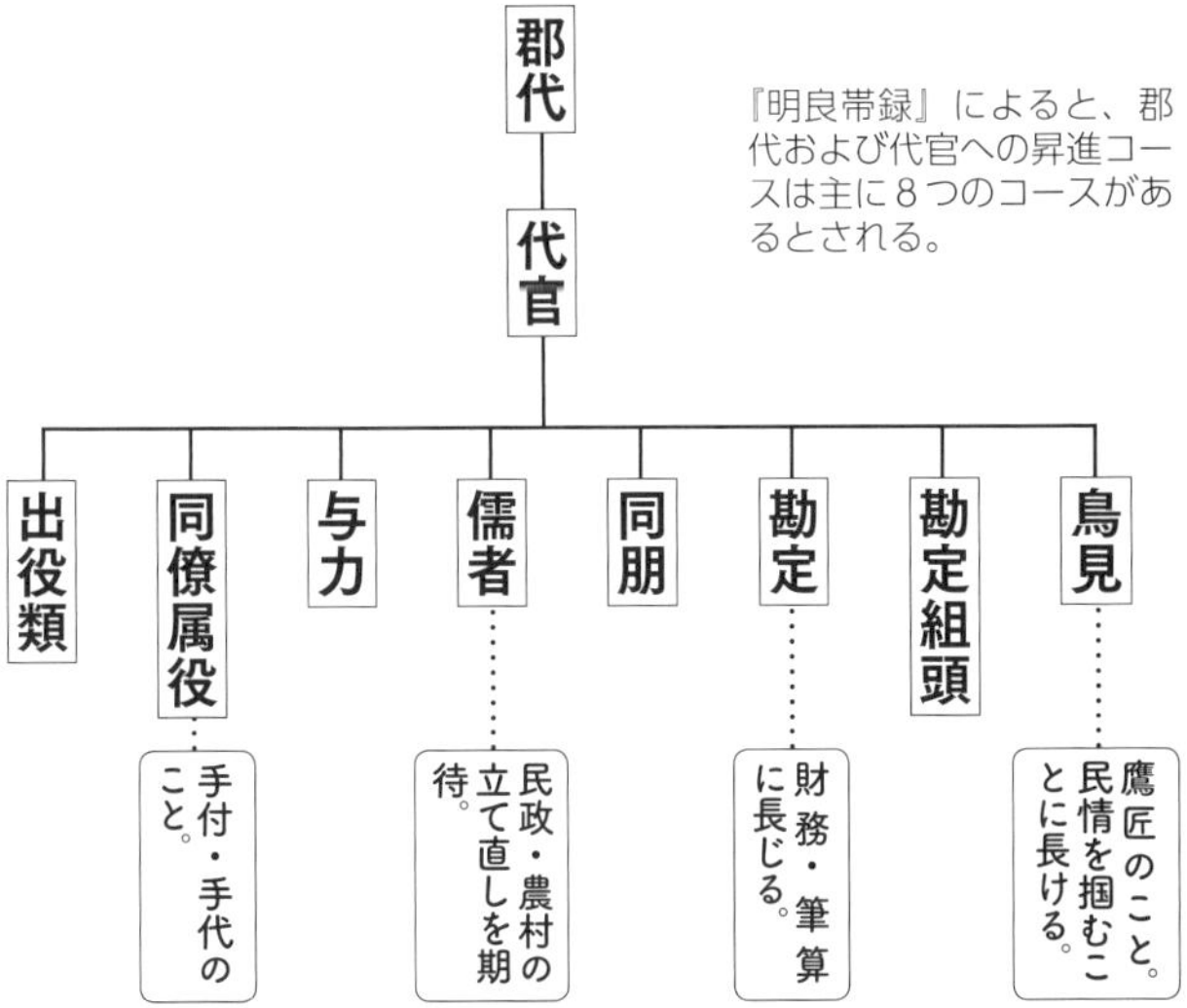

『明良帯録』によると、郡代および代官への昇進コースは主に８つのコースがあるとされる。
手付・手代のこと。

民政・農村の立て直しを期待。

財務・筆算に長じる。

鷹匠のこと。民情を掴むことに長ける。

期の享保九年（一七二四）、選考登用制に変わった。つまり、試験によって選考され、任命されるのである。

試験内容や合格基準はあいまいなものだったが、代官になる以上、最低限の計算の知識は必要とされたようだ。

手代や学者出身も！ 実力主義へと移行した江戸後期

江戸後期になると、老中・松平定信によって厳密な選考が実施されるようになり、寛政《かんせい》四年（一七九二）には、「学問吟味」という試験制度が導入。勘定所では、「筆《ひっ》算《さん》吟味」と呼ばれる試験が行なわれ、実力主義の風潮も高まり、この試験で「及第《きゅうだい》」の評価を受けた者が勘定所の役人として優先的に登用されるようになっていった。

さらに、代官のもとで真面目に下積みをして代官に昇進する者や、学者から代官になる者が現われるなど、才能や努力を買われて代官に就任する者も見られるようになった。

美作国東南条郡押入村の庄屋の五男として生まれた岸本就美《きしもとなりよし》は、美作国久世の代官・藤《ふじ》本甚助《もとじんすけ》の下役《したやく》として働き、やがて手代となり、その後、勘定奉行手付などを務め、寛政五年（一七九三）に下野国都賀郡藤岡の代官となった。

安政東海地震で活躍した代官・林長孺も、異色の経歴を持つ代官だ。祖父・父と三代にわたって幕府に仕え、長孺も当初は評定所留役助《ひょうじょうしょとめやくたすけ》という犯罪者の調書を作成する仕事をしていたのだが、やがて学問を志し、学者として頭角を現わして林鶴梁《かくりょう》と名乗るようになった。弘化《こうか》三年（一八四六）三月には甲斐国甲府《かいのくにこうふ》の徽典館《きてんかん》の学頭に任じられるなど、学者として活躍していたのだが、嘉永六年（一八五三）八月に、遠江国中泉の代官に任命された。

時あたかもペリー艦隊が浦賀に現われ、幕府はもとより、国中がてんやわんやしていた。そうした時期だけに、優秀な人材を代官に任命したいという狙いからの登用だったようだ。

代官を拝命した者は直属の上司である勘定所から召状を伝達され、その辞令を受けると御沙汰書が渡される。これを受けて新任代官は老中や勘定奉行、その他の上官へのあいさつ回りを行ない、赴任に先立って将軍に拝謁《はいえつ》を許された。

選ばれた超有能代官だけが歩んだエリート出世コースとは？

代官がかなりの激務であり、上司である勘定所と領民の間で苦労する中間管理職であることはすでに述べた通りだ。しかも旗本の役職のなかでも最下位のランクに位置し、報酬も高くはない。当然ながら、もっと出世したいと願う人物は多かったことだろう。

しかし、出世の道もさほど広くはなかった。西沢淳男氏の『代官の日常生活』によると、江戸時代中期以降に代官になった人物の前任は、勘定所の役人である勘定の二七パーセントを筆頭に、代官見習《みならい》、代官組頭などが多く、半数が勘定所内での異動もしくは昇任という形だった。さらに、その後を見ると、在任中の死去と辞職が六〇パーセントを占めている。つまり、半数以上の代官が代官のまま現役を終えているのだ。さらに、罷免の割合も一二パーセントに登り、これを足すと七割を超える。代官が出世して、さらに上のポストになるのがかなり難しかったことが分かる。

とはいえ、出世の道が閉されていたわけではない。残りの二八パーセントの人は、代官より上の立場へときちんと出世していた。そのコースとして多かったのが、将軍家の金銀・衣服・調度《ちょうど》の出納や、大名・旗本からの献上品などを管理する納戸役のトップである納戸《なんど》頭や、江戸城二丸御殿《にのまるごてん》の管理責任者である二丸留守居《るすい》、勘定奉行の仕事を監視する勘定吟味役などである。勘定吟味役は会計監査のような役割なので、強い権限を持っており、場合によっては勘定奉行や遠国奉行などへ出世することも可能だった。

一八世紀の久保田正邦《くぼたまさくに》は、勘定を経て宝暦六年（一七五六）に関東代官となり、その後陸奥国桑折、佐渡《さど》で代官を歴任。江戸廻《まわり》代官に抜擢され、安永六年（一七七七）に勘定吟味役に栄転した。さらに佐渡奉行、勘定奉行、西丸留守居を歴任している。

郡代に昇進する人もいた。郡代は、職務内容は代官と同じだが、代官は五万石程度を預かって支配しているのに対し、一〇万石以上の広大な領地を支配し、役料も代官の一五〇俵に対して七〇〇俵と高かった。

ノンキャリアから華々しい出世を遂げた代官たち

出世と言う点から見ると、目をみはるほどの華々しい出世を遂げた人物がいる。

寛保《かんぽう》二年（一七四二）に代官となり、美作国土居や越前国本保、但馬国生野などの代官を務めた小野一吉《おのかずよし》である。勘定となる前は徒目付《かちめつけ》であるから、旗本ではない。御細工《おさいく》組頭を勤める父のもとに生まれて出世を重ね、御家人の最高ポストのひとつである徒目付に就

代官の出世コース

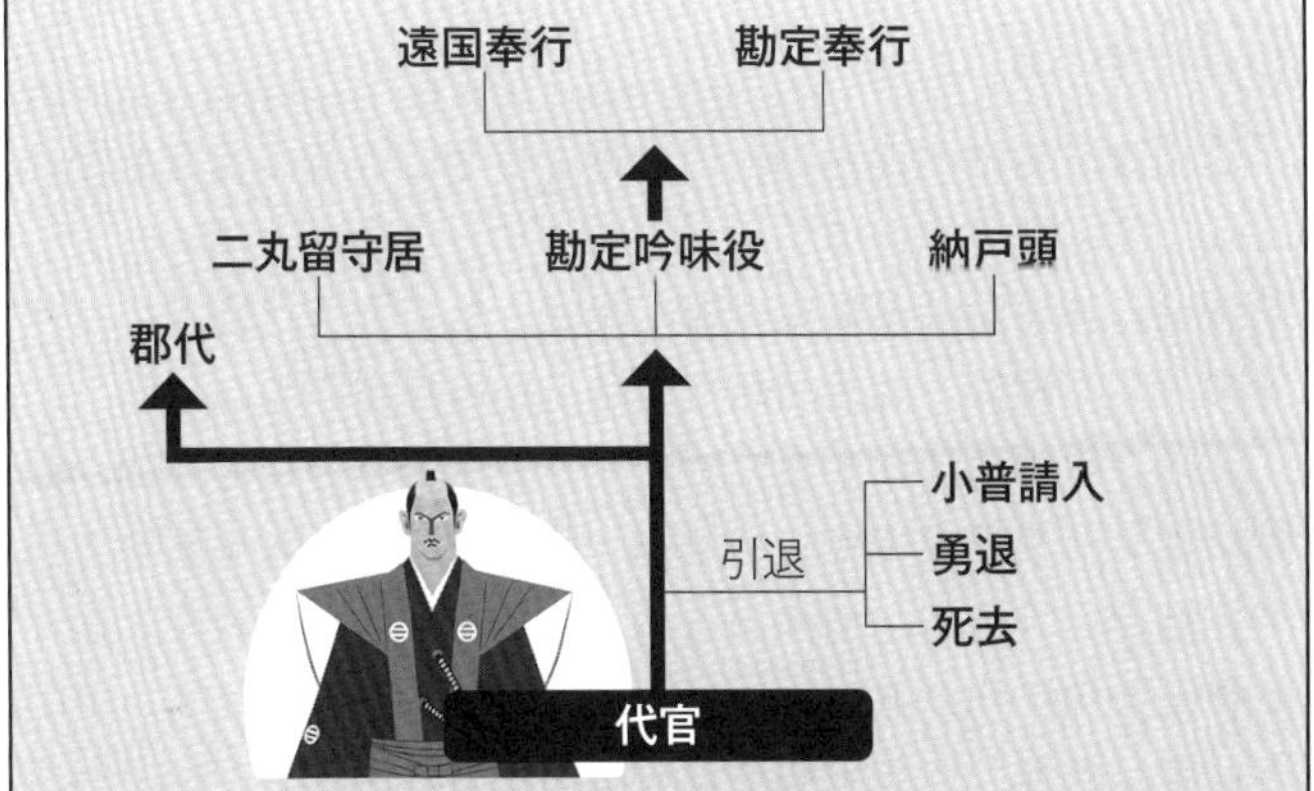

代官の多くは在職中のまま死去するか、処罰されるなどして代官職のまま昇進を終えたが、わずかに勘定奉行や遠国奉行に出世した者もいる。

いたのち、三八歳で勘定に昇進して旗本となり、その後、代官に任ぜられたのである。その後は転任するたびに増地され、宝暦三年（一七五三）には江戸廻代官（役料三〇〇俵）となった。

その二年後には勘定吟味役となり、宝暦一二年（一七六二）に勘定奉行に大抜擢。さらに大目付を経て旗奉行となり、現役のまま八四歳でこの世を去った。

まさに大出世の生涯である。一吉は真面目に働き、功績をあげたことで、その実力が認められ、大出世を遂げたのだ。まさにノンキャリアの花形。後に続くこうした人物がいたからこそ、代官たちも我こそはと意欲を燃やして職務に励むことができたのだろう。

江川家住宅

江川家住宅は、江戸時代に当地で伊豆国の韮山代官を務めた江川家の邸宅である。

住宅自体が国の重要文化財に指定されており、邸内には代官の役宅も現存。明治維新後には韮山県庁も置かれていた。

邸内は敷地のほぼ中央に位置する主屋を中心に、表門、書院に加え、５棟の蔵が立ち並ぶ。邸宅の母屋は入母屋造で江戸初期の巨大住宅。別棟の仏間、倉なども往時の威容を伝える貴重な建築物である。

住宅に隣接して韮山郷土資料館がある。

また２km ほど離れた場所には幕末の韮山代官・江川英龍が建設した世界遺産「韮山反射炉」が残る。

アクセスデータ　伊豆箱根鉄道「韮山」駅下車、徒歩20分

伊豆国を中心に駿河国・相模国・武蔵国に及ぶ幕領を管轄した韮山代官・江川家の邸宅。

第二章

代官の生活

――〝お代官様〟の意外な日常を覗く！

代官になれるのは、代官の子か勘定所の職員ばかり!?

時代劇を見ていると、正義の味方に成敗されない限り、代官ほどおいしい仕事はないように思える。そうでなくても役職を得るのに難儀した当時のこと、人の心理として親から子へ地位を譲り渡してあげたいところであるが、実際のところはどうだったのか。

前述の通り、代官になるに当たっては勘定所《かんじょうしょ》の役人である必要がある。当初は勘定所入りも世襲制に近かったが、享保《きょうほう》の時代には選考登用制がとられ、寛政期には筆算吟味《ひっさんぎんみ》という四、五年に一回行なわれる試験が導入された。ただし、一見科挙《かきょ》のような官吏任用試験の印象を受けるが、実はこの試験、あくまで資格認定に近く、しかも勘定所役人の子が受けた場合、ほとんどの者が合格した。成績が少しぐらい悪くても、父親が勤続二〇年以上の場合の優先枠もあり、役人の嫡子《ちゃくし》の合格率は低くても七割だった。よほどの不適合者のみ落したようだ。一方で一般選抜の合格率はわずか五パーセントにすぎなかった。

試験内容も、読み書きそろばんが中心だが、演算問題では、年貢運送費用の地元と幕府負担の仕組みなどの基礎知識を知らないと解けない問題も出題されており、勘定方役人の子息が有利といえた。実際に宝暦《ほうれき》五年（一七五五）に勘定奉行が発した採用発令では、勘定二三名、支配勘定見習一九名の採用が布告されたものの、採用されたのは、全員が勘定所職員の嫡子であった。やはり父親の勤続年数などのコネが威力を発揮したようだ。

その後、経験を積んだ勘定所役人のなかから代官が御代官御吟味の内部選考により選ばれた。その際の吟味は、ある量の米を俵詰した場合、何俵になるかなどの算術問題だったという。

代官世襲の実態

だが、いざ代官職の世襲となると話は違ってくる。

たしかに江戸時代初期でこそ世襲率は高かったが、中期以降、その割合はがくんと減る。多額の出費を強いられたことに加え、土地との癒着《ゆちゃく》を防ぐ幕府の意図が働き、世襲自体が難しくなったためである。

そうしたなかにあって最後まで世襲を続けたのが、伊豆韮山《いずにらやま》代官の江川家、全代官筆頭の伊奈家、京都にあって朝廷との折衝の担当した京都代官の小堀家《こぼりけ》、近江国信楽《しがらき》の土豪で同地の代官を務めた多羅尾《たらお》家などである。こうした家は「代々代官」と呼ばれ、任地が固定されたまま、父から子、子から孫へとその役を継承していった。

ほとんどのお代官様は、任地で暮らすことがなかった!?

代官といえば、任地の村に構えた代官所に君臨し、「もっと年貢を厳しく取り立てろ」などと命令し、領民を震え上がらせるイメージが浸透している。

しかし、実際そういう場面は少なかったことは代官の制度の面から説明した通りである。それに加え、そもそも代官の多くが任地にいなかったという事実がある。なんと代官の半数以上が江戸に住んでいたのである。

とくに元禄《げんろく》期以降、関東に任地を持つ代官（地廻《じまわ》り）は原則江戸在住とされ、任地の陣屋へ赴かず、江戸の役所で仕事をしていた。江戸の私邸や拝領屋敷を「留守役所」として執務にあたったのである。

宝永《ほうえい》七年（一七一〇）の『一統武鑑』を見ると、関東代官二六名、上方代官四三名の大半が江戸に屋敷を持っていることがわかる。

江戸にいたのでは支配地のことが分からないのではと心配になるかもしれないが、代官は現地に手代・手付を派遣し、御用《ごよう》飛脚《ひきゃく》によって密に連絡を取り合っていた。

代官と江戸役所の一例（宝永七年『一統武鑑』より）

	代官名	屋敷地	支配地
関東代官衆	伊奈忠順	馬喰丁	武蔵・下総・上総・安房・飛騨・駿河
	中川直行	本所蔵屋敷	上野
	野田秀成	下谷三枚橋	上野
	南条則明	矢倉築地	武蔵・越後
	江川英勝	下谷竹町	相模・伊豆
	大草政清	本所御舟蔵後	三河・遠江
上方代官衆	辻守参	小石川	美濃
	小堀克敬	駿河台	五畿内
	雨宮寛長	小日向	五畿内
	竹村嘉茂	下谷七軒丁	肥前長崎
	万年頼治	浅草駒形	備中

『一統武鑑』に記された代官衆の江戸屋敷の場所と支配地の一例。宝永７年（1710）当時、69名の代官がいたが、その大半が江戸に屋敷を持っている。

東北・信越などに任地がある代官は手代を任地に赴かせ、代官は年に何回か、あるいは用事のあるたびに現地に出張する生活を送っていた。毎月出張し月に一五日ほど滞在した代官もいれば、検見の時期の約一ヶ月だけというケースもあったという。

では江戸にいる代官はさぞや都会暮らしを満喫していたのかと思いきや、実際は多忙で過酷な日々を送っていた。在地代官は繁忙期でない夏の勤務は半ドンで終わることもあり、余裕があったようだが、江戸在住の代官には遠国の代官にはない雑務も多く、かなりのハードスケジュールを強いられていたのである。

前述したように、馬喰町《ばくろちょう》御用屋敷詰代官の竹垣直道《たけがきなおみち》の嘉永《かえい》三年（一八五〇）における代官勤務表からは一年間三五四日のうち、休日が病欠と法事を含めて二一日。ほぼ一年間休みなく働いていたことが分かる。

また、役所に出た以外の日々は奉行との折衝や決算のために勘定所に出仕したり、代官役所の諸伝達や届のため下勘定所《しもかんじょうしょ》に出向いたりすることも多かった。さらに任地への出張もあった。

鷹狩りの御用から公家の賄い御用まで

だが、問題はそれ以外の雑務が多かったことである。

年始や上巳（三月三日）には旗本の定例として、または代官としての仕事のため江戸城へ登城した。これが年間二六日に及んだ。

その上、竹垣の場合は御用屋敷に鷹場《たかば》内の維持・管理をする役所や貸付役所が置かれていたため、将軍の鷹狩りにかかわる諸御用や公金の貸付業務なども加わっていたのである。

この他にも新任の代官を教育する初任者研修も江戸在住の代官の役目であり、毎年江戸に参向してくる公家衆《くげしゅう》の賄い御用などを勤める代官もいた。

このように代官の仕事は任地の管理や事務処理といった本来の仕事以外に、代官の仕事とは関係のないものにまで及んでいたため、ほぼ休みなく働く羽目になったのである。

ただの住居兼オフィスではない！ 裁判所や倉庫もついた代官所「陣屋」

代官が執務にあたる役所を、代官陣屋《じんや》または代官役所と呼ぶ。

その建物は職住兼用で、五万石の代官で四〇〇〇坪ほどの敷地のなかに、代官の居所である本陣《ほんじん》、行政に関する一般事務を行なう御役所が一体化し、罪人を裁く白洲《しらす》、訴訟を審理する公事場《くじば》が付随する。

裏門近くにある「湯呑場」は、手代や手付が郷宿《ごうやど》（公事宿と同じ役割を果たす宿屋）の亭主や、地方の金融業者・掛屋などを対応する部屋である。

さらに下僚の官舎となる長屋のほか、年貢として徴収した米を収納する米蔵、籾倉、土蔵が、罪人を一時的に収監しておく「仮牢」などが建ち並んでいた。

これらの建物群は板塀と白壁によって周囲を囲まれ、正門として設けられた長屋門が外と内をつないでいた。

このように陣屋は独特の機能を持つ建物であるが、明治以降ほとんどが失われ、現在では飛騨郡代《ひだぐんだい》が居住した高山陣屋《たかやまじんや》が当時の姿を留めるぐらいである。

ここではとくに年貢米を貯蔵・管理する米蔵が厳重な管理に置かれていたことがわかる。

陣屋の役所や隣の地とは塀で隔てられ、収納門や蔵番長屋《くらばんながや》も備えていた。災害の項目で解説した通り、蔵は非常時に代官の独断で開かれ、たびたび領民を救っている。

周囲は火除《ひよ》け地となっていて、井戸などの水源を備えるなどの万全の防火対策で蔵を守っていたようだ。

代官所がいかに年貢米を慎重に扱っていたかが垣間見える施設である。

年貢米の保管や警備上の関係からだろうか。代官所は城下町や寺のように門前町を形成することもなく、村の外れの周りに何もない水田や畑に囲まれたなかにポツンと置かれることが多かった。

気苦労の耐えなかった在地代官

ただし代官の多くはこの陣屋に居住すること、つまり在地を嫌った。環境の違いや職務などで疲労することが多かったからである。

天保一〇年（一八三九）より飛騨郡代を勤めた豊田友直《とよだともなお》の日記では、隙間風吹く陣屋内で夜分読書をしていると気味が悪い、冬になると縁側に雪が入って辟易《へきえき》しているなどと、

代官屋敷黒田邸の米蔵兼板塀。代官所でも重要な設備である米蔵は、火災に備えた防備が整えられていた。

愚痴《ぐち》をこぼす様が見て取れる。

また、極寒のトイレに紙と石を持っていくなど慣れない様子が書かれ、都市化された江戸で不自由なく暮らしていた旗本《はたもと》が、慣れない地方の暮らしに苦労していたことが分かる。

また、陣屋では領民と接する機会が多いため、気苦労が絶えなかった。年貢高を決めるために見て回る検見《けみ》巡回や村同士の土地の争いの調停など気力、体力のいる職務も多かった。

代官になって村人たちに威張り金もたんまりというおいしい仕事どころか、慣れない異郷の地で村人には気を使わねばならず、体力も強いられる。代官は体調を崩すほどストレスフルな仕事だったようだ。

代官所は職住兼用の屋敷で、代官やその家族の居住スペースである奥向のほか、オフィスである書院、手代の長屋などに分かれていた。また徴税官かつ行政官であった代官ならではの施設として、年貢を貯蔵する米蔵や、罪人を裁判にかけるときに使う白洲や牢獄なども同じ敷地内にあった。

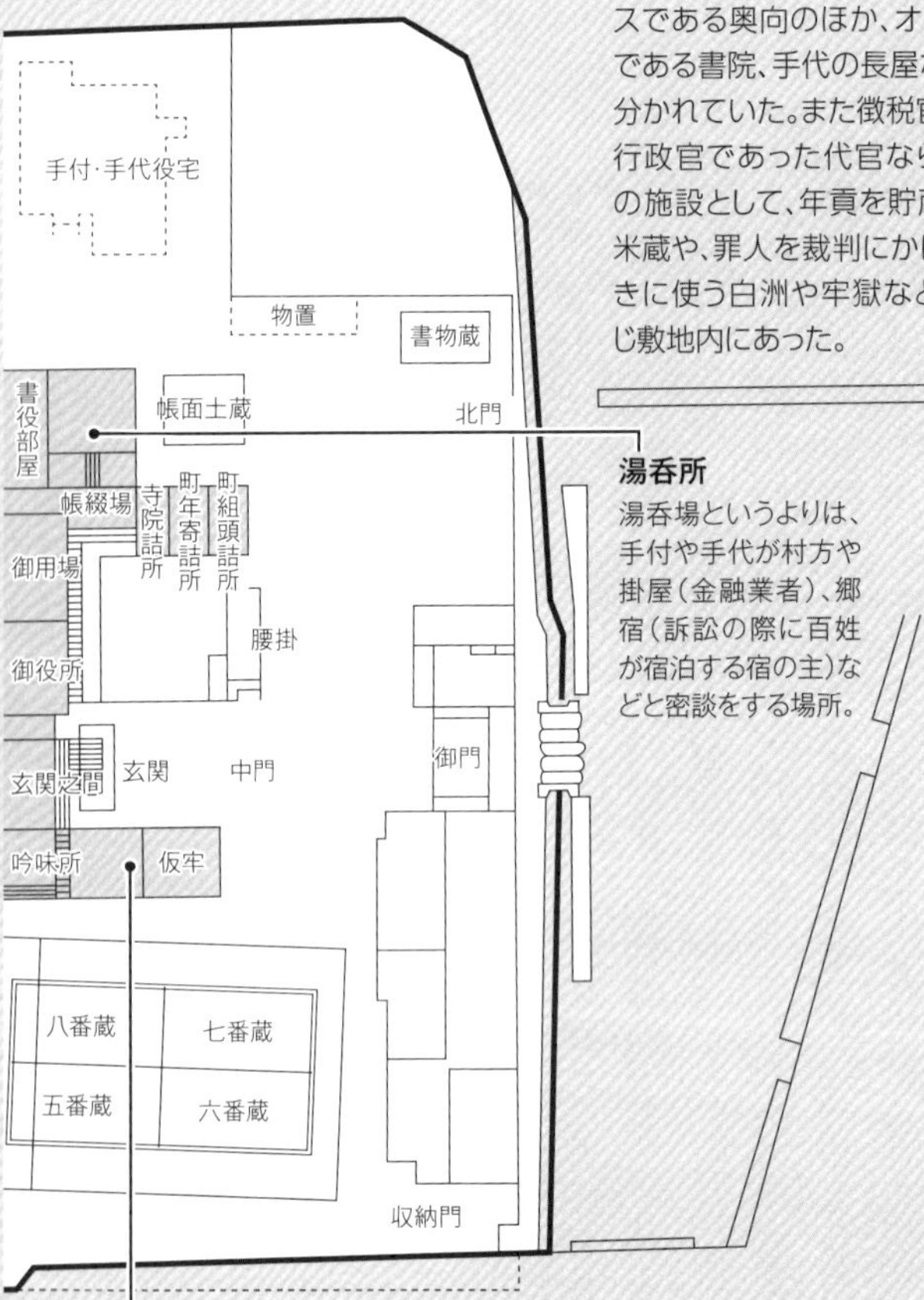

湯呑所

湯呑場というよりは、手付や手代が村方や掛屋（金融業者）、郷宿（訴訟の際に百姓が宿泊する宿の主）などと密談をする場所。

白洲

裁判を行なう場所。

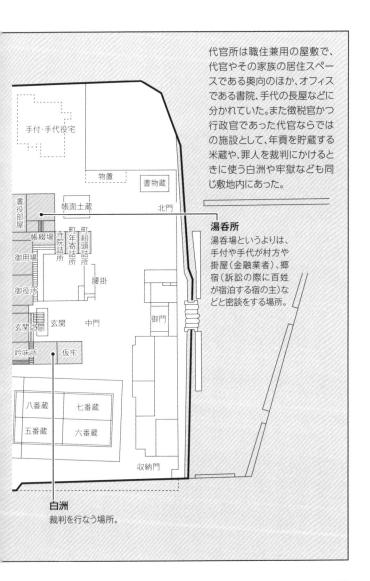

図解 高山陣屋

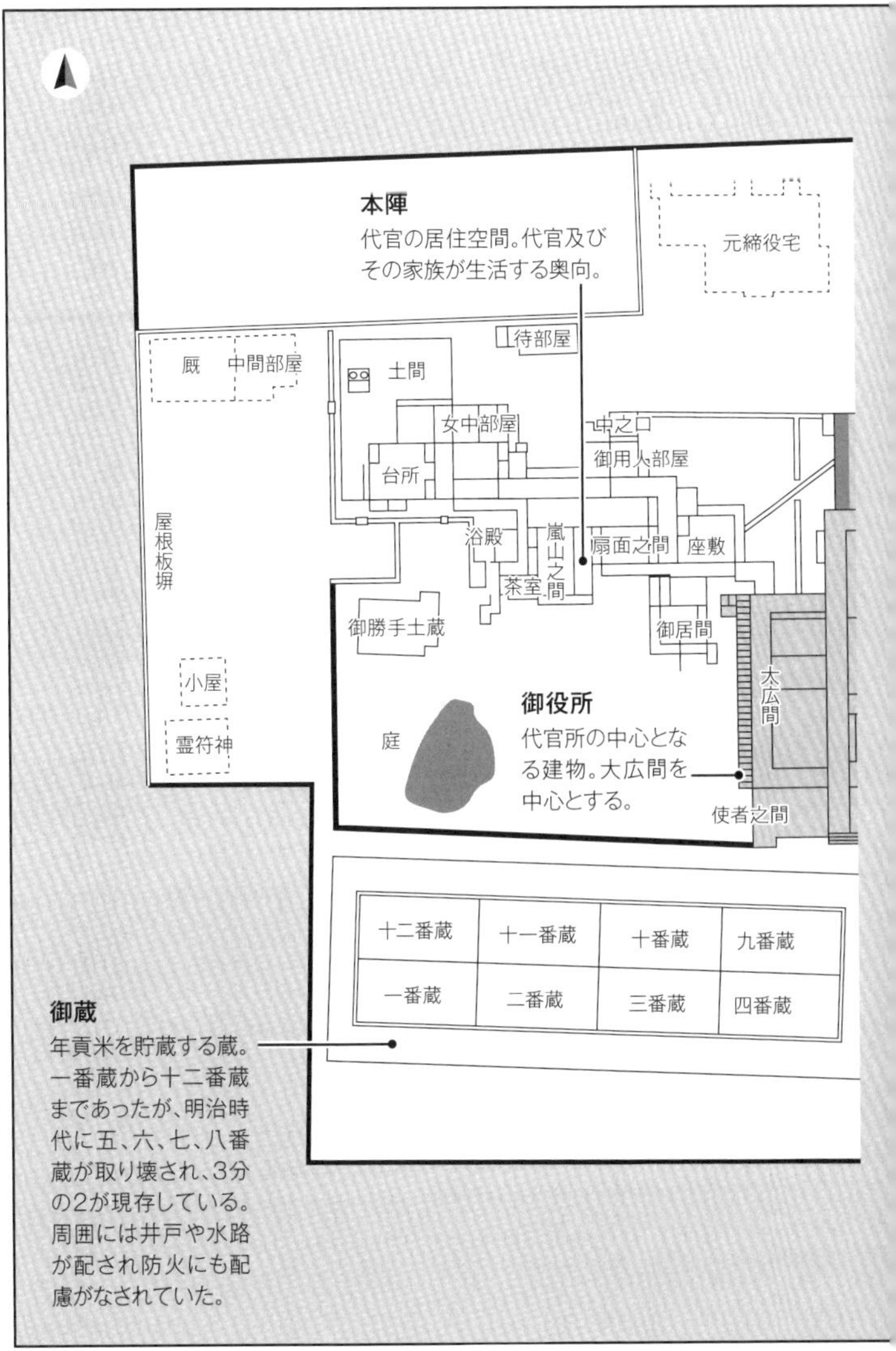
本陣
代官の居住空間。代官及びその家族が生活する奥向。
元締役宅
待部屋
厩
中間部屋
土間
女中部屋
中之口
御用人部屋
台所
屋根板塀
浴殿
嵐山之間
扇面之間
座敷
茶室
御勝手土蔵
御居間
大広間
小屋
御役所
代官所の中心となる建物。大広間を中心とする。
庭
霊符神
使者之間
十二番蔵
十一番蔵
十番蔵
九番蔵
一番蔵
二番蔵
三番蔵
四番蔵
御蔵
年貢米を貯蔵する蔵。一番蔵から十二番蔵まであったが、明治時代に五、六、七、八番蔵が取り壊され、3分の2が現存している。周囲には井戸や水路が配され防火にも配慮がなされていた。

お代官さまは家庭菜園で野菜を育てていた!?

代官といえば年貢を厳しく取り立てる、いかつく怖い印象があるだろう。そんなお代官さまが家庭菜園作りに精を出していたと聞けば、そのギャップに驚くのではないだろうか。

そのお代官とは幕末に遠江国中泉《とおとうみのくになかいずみ》代官だった林長孺《ちょうじゅ》。元々は御家人《ごけにん》にして漢学者だったが、本人の資質に加え、漢学者としての人脈を買われて三七歳の時に勘定となり、旗本に出世した人物である。安政の地震や大井川の大洪水などで、災害救援に尽力した名代官としても知られている。

長孺が代官として住んでいた中泉陣屋の絵図面を見てみると、なんと敷地の半分以上が畑で占められている。代官自らが家庭菜園を作っていたのである。彼の日記には、「侍両名、中間一名と息子二名の家中総出で畑打ちをした」と記されている。ホウレンソウやゴマ、インゲンなど、持病を抱えていた長孺の体に良いものを育てていたようだ。

代官が、じつは陣屋で家庭菜園を作って、畑を耕したり、収穫してにんまりしたりしている姿はどこかほほえましい。

自給用と贈答用に栽培していた武士

ほかの陣屋の絵図には畑の記載がないため、林長孺のみがとくに家庭菜園好きだったのかと思うかもしれないが、そういうわけではない。家庭菜園は江戸在住の幕臣の間では珍しいことではなかったのである。

野菜はナスが一〇個で五文から一〇文と取り立てて高いものではなかったが、庭を持つ幕臣らは屋敷内に柿・梅といった果樹から、芋、豆、トウモロコシ、野菜まで様々な食につながるものを育てていたのだ。

武士がなぜ畑を持たねばならなかったのか？　と思うかもしれない。

じつは彼らは家庭菜園を作り、野菜を買う支出を減らす努力をしていたのである。１１５ページに示すように、代官の支出は多く、常に逼迫していた。そこで多くの代官が菜園で育てた野菜である程度、自給していたようだ。代官のみならず多くの武士たちがそのような状況にあり、規模の差こそあれ、旗本や御家人の邸宅には必ず畑が設けられていた。

また、当時は知人や職場の人に作った野菜を贈ることも多く、自家用のみならず贈答用としても育てていた。時には手代や手付など、役所の人々にも配っていたようだ。

武士は食わねど高楊枝《たかようじ》というが、実情は見栄よりも実利を大切にしていたようである。

宴席に次ぐ宴席
莫大な出費を要した代官の引っ越し

参勤交代といえば、「下にー下にー」と言いながら練り歩く華美な大名行列で有名である。一〇万石級の大名であれば藩主と家臣、家臣の奉公人《ほうこうにん》、中間《ちゅうげん》、荷物を運ぶ人足など二三〇人前後の壮麗な大行列が江戸と国元を往復した。しかも家の示威効果、面目を保つために飾り物や道具、人数などが年々派手になっていった。

江戸時代の風物詩のひとつともいえる参勤交代の行列、じつは大名だけでなかったのをご存じだろうか。五万石以上の領地を統括する代官もまた、赴任、転勤する時には華やかな行列を仕立てて任地へ赴いたのである。

代官拝命者は、御役拝借金《おやくはいしゃくきん》として二六〇両、支配地への旅費と支度金二〇〇両、さらに役所の建設費として六〇両が支給される。こうして遠国の代官は赴任先へ赴いた。

陸奥国塙《むつのくにはなわ》の代官を務めた代官寺西封元《てらにしたかもと》の行列図が残されているが、大名並みの豪華さで、槍持ちがついた籠や鞍覆をかけて飾り立てた牽馬などを含む立派な行列となっている。また、但馬国生野《たじまのくにいくの》の代官になった北条氏郷《ほうじょううじさと》も、七〇名の行列で任地に向かったという。

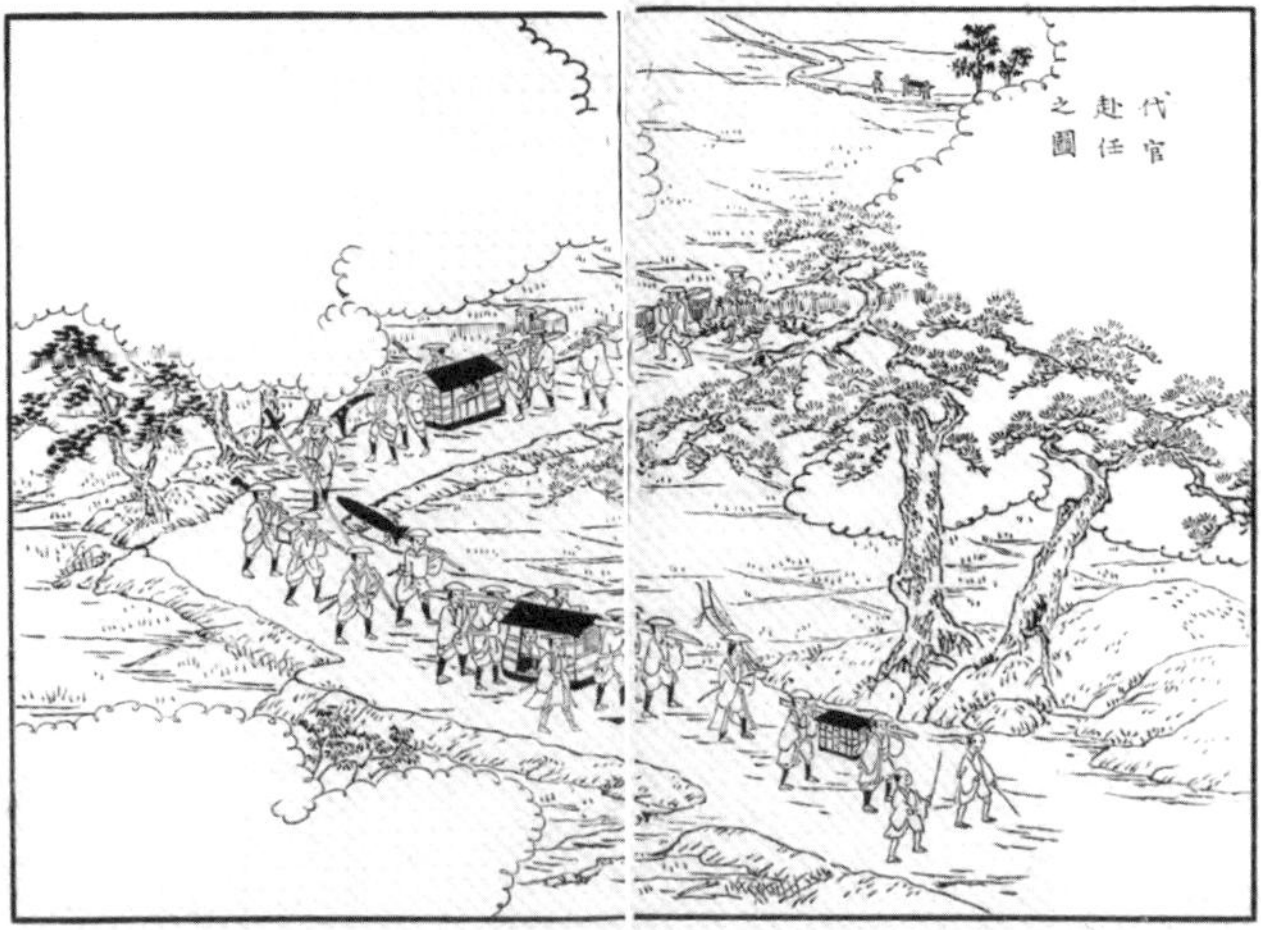

任地へ向かう代官を描いた「代官赴任之図」。駕籠に載っているのは代官とその奥方のようだ。（『徳川幕府県治要略』より／国立国会図書館所蔵）

しかし毎年江戸と国元を往復する大名とは異なり、代官の場合は旗本の転勤である。その引っ越しこそが想像以上に大変なものだった。なぜなら借金を清算して旅立たなければならなかったからである。江戸時代の武士の大半が借金を負っていたが、遠い地へ行く以上、借金を整理しないと任地に赴くことができなかったのだ。

嘉永六年（一八五三）に遠江国中泉の代官に任命された林長孺の場合も五〇〇両の借金があり、その整理に苦労した。長孺はなんと前任者からの預かり金などの公金を、借金返済にあてている。それ以外にも諸方へ付け届け、あいさつ回り、出立の宴席や旅の途中にある本陣での宴席など、度重なる宴席で何かと出費がかさんだ。

そのため長孺はその一年半後に出された転勤命令を今すぐは難しいと断っている。これは同地で作った公金の借金が七〇〇両に上っており、すぐにその清算ができなかったためである。これを放置していると罰せられてしまうのだが、長孺は詳細な債務処理計画を提示している。明朗な計画により幕府も納得してその願いを聞き入れたため、長孺が出羽国柴橋《しばはし》へと転勤したのは五年後のことであった。

借金を返済できず処罰

なかには借金の露呈を恐れて幕府の転勤命令を拒んで処分されてしまった代官もいた。

江戸時代中期の藤林惟真《ふじばやしこれざね》は大和国の在地土豪で代々の同国横大路《よこおおじ》村の代官だったが、貞享《じょうきょう》元年（一六八四）の越後国国川浦《くにかわうら》への転勤命令ばかりか、江戸への召喚命令にも従わず、京都町奉行の召喚も無視して自殺未遂騒動を起こした。じつは会計不足が六〇〇〇両もあり、行きたくても行けなかったのだ。結局ばれて、息子ともども斬罪となった。

寛政期に関東代官を務めた宮村高豊《みやむらたかとよ》も、負金の発覚を恐れて転勤を拒否したひとり。宮村の場合は手代が公金をかすめて逃亡した挙句、公金を預けた商人までも破産するという不運の末に返済不能になったのだが、手代の不正を報告しなかったことを咎められ、処罰された。

立つ鳥あとを濁さずといきたいものだが、なかなか難しかったようである。

「おぬしも悪よのう……」ほんとうにあった商人とお代官の禁断の関係

お代官様と言えば「越後屋《えちごや》、お主も悪《わる》よのう」「いえいえ、お代官様には敵いません」のやりとりでおなじみ。悪徳商人と癒着して、山吹色の小判を懐に入れ、私腹を肥やすイメージがある。そのため代官と商人とは切っても切れない関係だと思われているが、実際はどうだったのだろうか。

実をいうとたしかに代官と商人とは切っても切り離せない間柄だった。江戸時代初期に甲斐・上野《こうずけ》の代官を勤めた南条宗右衛門《なんじょうそうえもん》が、富商と共謀して米穀を買い占めたことで改易になった例がある。

やはり、お代官様・越後屋の関係は事実だったのか……？

たしかに江戸時代は付け届けの習慣の延長から賄賂が横行した時代でもあったが、代官に限っては商人と癒着して不正を働き、賄賂をもらうという違法行為が横行していたというわけではないようだ。代官は賄賂を摘発されれば身分を棒に振ることになる。

明治になって歴史家の質問に答えた元代官手代は、「御代官にはございませぬ。それも多くのなかには必ずないと申されませぬが、まずはございませぬ」と明言している。

南条宗右衛門のような例はむしろ稀で、多くの代官が商人と癒着して悪事に手を染めたというわけではない。正当でビジネスライクな関係で結びついていたのである。

というのも幕府から支給される公金だけでは代官所の運営は赤字必至だった。これでは、農民の逃散《ちょうさん》、荒れ地の回復といった不測の事態に対応するための費用が捻出できない。そこで幕府からそのための資金が与えられるわけであるが、これには厳しい返済義務があった。

しかし、この資金を金庫に寝かせ、その都度使っていては目減りするばかりである。

そこで代官たちは、幕府からの公金を商人に貸し出して運用し、その利息で様々な費用を捻出したのである。現代でも年金を投資して資金を回しているように、代官も豪商に投資して運用させていたのである。そう、商人は公金貸付先だったのだ。

たとえば地元の商人に年利一割で貸し付けて、その利息を灌漑工事や堤防の修理にあてた。豪商の貸付先は大名や旗本などが多かったようで、代官のもとには、借用する側からお中元やお歳暮などの付け届けがあったという。

代官所が商人から借金

こうした背景もあり、代官にとって商人は、お金の貸付先から次第にお金を借してくれ

代官と商人の結びつき

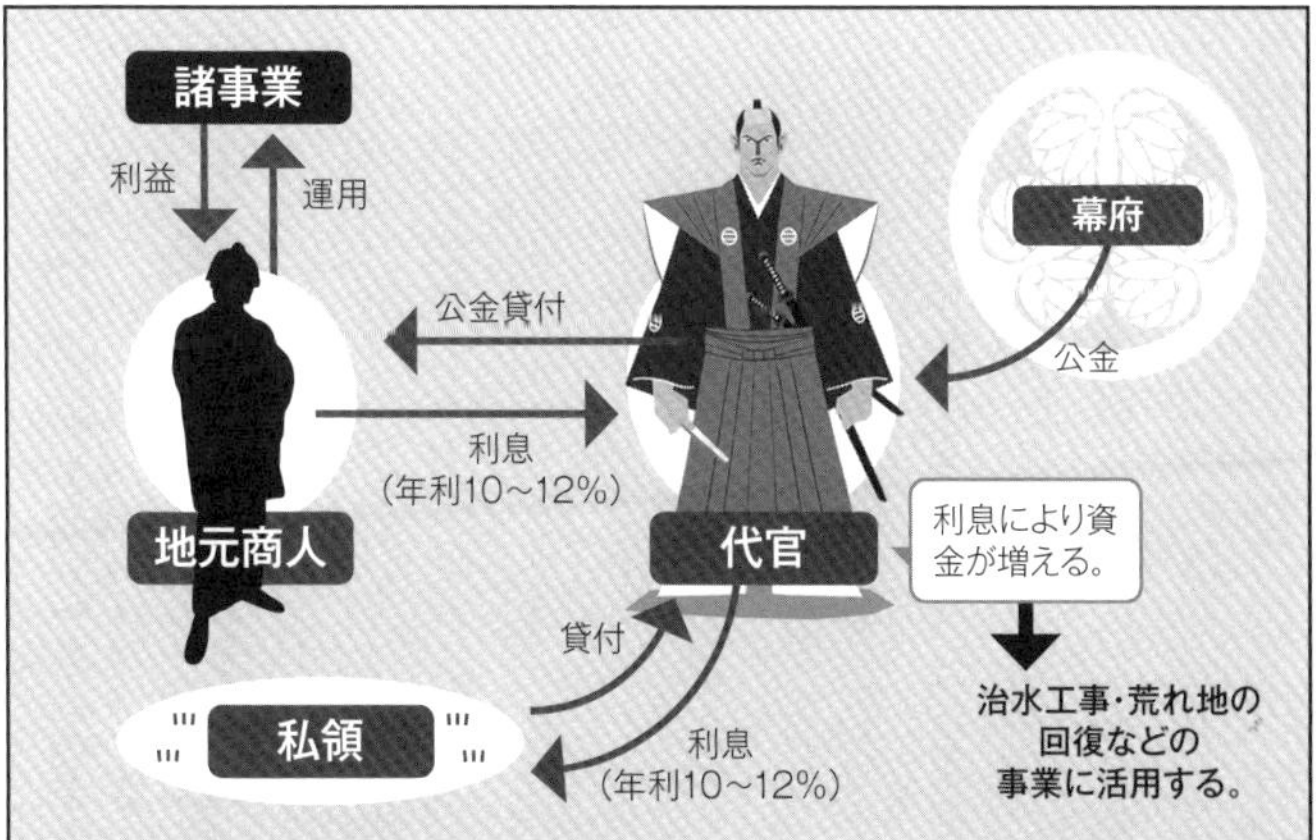

代官と地元の商人たちは、公金貸付のシステムによって密接に結び付き、一蓮托生の関係にあった。

る存在になるケースもあった。

備中国窪屋郡倉敷村の記録からは、代官所や手代たちが商人から多額の金銭を借りていたことがわかる。代官は商人にお金を提供して運用させていたのだろうが、米穀の値段引き上げや年貢弁納のために公金運用の利息だけでは間に合わず、代官所が商人に借金をして凌いだのである。そのほか代官所は軍事や貧民救済のため豪商に多額の資金を提供させ、代わりに格式免許を与えることもあった。

貸付先にしろ、借金先にしろ、代官所の運営は地元の商人に強く依存していたことが分かる。癒着というわけではないが、商人の助けがなければ代官所は成り立たなかったのだ。

えっ、これだけ!? 代官は、責任重大なのに驚くほど薄給だった!

代官は五万石~一〇万石前後の幕領を支配した、いわば勘定所支配下の支店長だが、事実上はその地のトップといえる存在だった。

しかし五万石程度の大名・赤穂浅野《あこうあさの》家で三〇〇名ほど家臣がいたのに対し、代官は三〇名程度。代官ははるかに少ない人数で支配しなければならなかったので責任重大である。それだけの重責を担うため給料はさぞや多かったに違いないと思いきや、これが驚くほど薄給だったのである。

なぜそんなことになってしまったのか。

代官の給与明細を覗く前に、まずは幕臣の給料の実態をみてみよう。

江戸時代の幕臣の収入の基本は、個人ではなく家格に応じた俸禄である。幕臣は御目見《おめみ》得《え》以上の旗本と御目見得以下の御家人に分かれ、享保七年(一七二二)の調査では旗本は五二〇五家で、御家人は一万七三九九家。その家来らを含めると旗本八万騎ではないが八万人近い人数になった。

旗本の禄高の平均は五〇〇石で、四公六民（四割を武士、六割を農民）という税率から考えると、実質の収入は二〇〇石程度になる。これは何もしなくても家禄、つまり家に対して与えられる収入である。

しかし年々物価も上がり、これだけでは生活が厳しくなった。そこで収入を増やすために役職につい、ていわゆる役職手当つまり役料をもらった。

身分の低い役職だった代官

この役職は身分に応じて就けるランクが決まっており、代官の場合、なかには一五〇〇石（俵）の多羅尾家や、六〇〇〇石（俵）の小堀家といった大身もいたが、初期は三〇〇石程度の者が多くを占めていた。役職手当は支配地の年貢の一割を先取りする口米制《くちまいせい》をとっていた。

しかし中期以降に二〇〇俵や一五〇俵という微禄の旗本が代官に就任するようになると、代官に破綻者が続出する。

その理由のひとつは口米制度では年貢の収穫高によって収入が変動し、凶作ともなれば収入が激減するなど、不安定だったためである。

そこで享保七年一〇月には、関東代官・小宮山昌世《こみやままさよ》が八代将軍吉宗《よしむね》の諮問《しもん》に答えて、

「五万石の支配で（口米による収入は）一五〇両。これで手代の給料、長屋の普請、道具類の調達に加え、代官の俸給まで捻出するのは到底足りない」と直訴している。

　そこで吉宗は口米制度をとりやめ、年貢は年貢で幕府に納入し、幕府から役所運営に必要な予算を支給する制度に改めた。これにより借金に困る代官は減少したという。

　また、代官の家禄（＝役高）を一五〇俵と定め、これに不足する者に対して在職期間中差額を補償した。これを足高制《たしたかせい》と呼ぶ。

　これを収入で換算すると、六四両から八五両。当時、大工の棟梁の年収が約二七両だったことを考慮すると、約三倍にしかすぎない。大名並みの土地を治める重責の仕事にしては、身分の低い旗本が代官になっていたことがわかる。加えて経営費として五万石の場合、年間五五〇両七十人扶持が支給されるようになった。

　竹垣直清の場合、家禄一五〇俵と五万石支配で支給された五五〇両七十人扶持が年間の合計収入である。

　しかし五五〇両は竹垣個人の収入ではなく、ここから代官所にかかわる運営費を払わなければいけない。いわば給料も経費も一緒に支給されたわけである。しかも後述するが、この額では代官所の経費としてはギリギリで、不測の出来事があるとすぐに赤字に陥ってしまう状態だった。

人件費に交際費…… 自腹が多すぎて代官職を世襲したら破産する!?

時代劇では、庶民に威張り散らすことと悪事にだけ知恵が働き、最後はやり込められるという無能なイメージのある代官だが、実際無能な人間が行なうと五年ももたずに借金まみれになる職業だったといわれる。

実際、天保期の山口鉄五郎《やまぐちてつごろう》という甲斐国市川《いちかわ》の代官は、周囲の反対を押し切って代官になったが、「五年も持たないだろう」と予想された通り、四年目に甲州の騒動でしくじって江戸へ戻され、結局一五〇〇両近い借金だけが残ったという。

なぜ、代官はこれほど支出の多い職業だったのだろうか。

そもそも代官は就任に際して引っ越し費用、邸の改造費用が掛かった。「御役拝借《おやくはいしゃく》」という二六〇両の公費が出たが、じつはこれも一〇年の年賦で返済しなければならない借金。もちろんこれだけでは足りず、ある代官が就任した際には二〇〇〇両近くかかったとされる。手持ちのお金がなければよそから借りるしかない。このように就任早々多額の借金を抱える羽目になることが多かったのだ。

享保以降は俸禄一五〇俵と五万石の支配地で、年間の運営費五五〇両七十人扶持が支給されていたものの、これも赤字手前のギリギリだったのである。

五五〇両といえばかなりの大金に思える。それでも赤字になるとは、どういった内訳だったのだろうか。

その半分が人件費。元文《げんぶん》元年（一七三六）の幕府が規定した諸入用五五〇両七十人扶持の内訳を見ると、半分の約二七四両が年間の人件費にあてられている。

人員の構成は役所の主要なメンバーともいえる手代一〇人（二〇両〜三〇両）、書役《かきやく》二人（五両）、侍三人（三両二分）、あとは勝手賄人一人（五両）、足軽一人（三両）、そして中間一三人（二両）の計三〇人二七四両二分七十人扶持という構成だった。残り半分は役所の運営費である。支配所への手代の出張経費二〇両、年貢米の運送費で一五両、秋の収穫調査で村を巡回する検見廻村経費五五両、飛脚費二〇両二分、ろうそく、筆墨紙などといった諸経費、暖房費合わせて七五両、公用の会合や修繕費四〇両、手代の仕事中の食費二五両、元締などの公用任務二五両などを合わせ二七五両二分となる。

子孫まで迷惑する破産寸前の家計

つまり数字上においてもほぼトントンという赤字ギリギリの予算であった。当然この五五〇両のなかに交際費や生活費は含まれていない。この上に物価の高騰や、凶作や天災など村での変事、負金や部下の不始末があると、たちまち出費がかさみ、多額の借金を抱えることになってしまうのだ。

もともと役高は一五〇俵なので、生活をするのもギリギリである。それでも旗本らしく武具一式を整えるなど体裁を保ったり、交際費や贈り物の雑支出がかさんだりと相当な出費だったのである。これで負金《おいきん》（代官の負債とされる未納年貢金）の補てんがあったり、手代が使い込みなどしたら始末に負えない。その責任のため処罰を受け、子孫も迷惑するリスクを抱えていたのだ。いつ破産してもおかしくないという、役職だったのである。

代官所の運営費と借金

人件費	元締手代	30両5人扶持×2人
	並手代	20両5人扶持×8人
	書役	5両1人扶持×2人
	侍	3両2分1人扶持×3人
	勝手賄人	5両1人扶持×1人
	足軽	3両1人扶持×1人
	中間	2両1人扶持×13人
	小計	274両2分70人扶持
役所諸入用	手代の出張費	20両
	年貢米の検査・輸送費	15両
	検見の費用	55両
	飛脚代	20両2分
	筆墨紙蝋燭代	35両
	油薪炭代	40両
	御役勤に付諸入用（手代の食費・修繕費など）	90両
	小計	275両2分
計	金550両　米70人扶持	

※元文元年（1736）改正五万石高諸入用より

［御役拝借料］260両→返済義務有
［師匠番からの借り入れ］50両→返済義務有

代官には諸入用として年間550両、米70人扶持が支給されていたが、実務のなかでほぼすべて消えたため、領地で変事があれば確実に借金が増えた。さらに任命時に御役拝借として260両、師匠番から50両が与えられたが、これらは返済義務があった。

年利の一割を懐へ もっともおいしい役得だった公金貸付

これまで見てきたように、代官は旗本のなかでも最低ランクの給与のため借金に苦しむ者が多かった。しかしその一方でお金を貸すほど豊かな暮らしを営む者もいた。もしや賄賂で蓄えたのか？と思うかもしれないが、それは違う。じつは表向きの収入以外に正当な副収入が存在していたのである。そのひとつが前述した公金貸付である。

公金貸付自体は江戸時代前期から見られるが、田沼意次《たぬまおきつぐ》の時代以降急増している。天明の大飢饉に代表される飢饉がたびたび起こり、農村から人口が流出。生産を担う農村が荒廃して年貢収入が落ち込んだため、幕府は財政破綻寸前になった。

そのような状況では幕府も荒れ地の回復や小児養育など農村復興の予算を捻出できない。そこで目をつけたのが、収入から利益を生み出すこと。すなわち公金を貸し付けて運用させる投資事業だった。代官たちに「荒地起返笄小児養育御手当御貸付金」といった資金を出し、それで各種公金貸付を行なわせたのである。

代官が公金を富裕農民や豪商に年利一〇パーセントで貸付け、その利子を荒れ地の復興や養育の費用にあてたのは、前述の通りである。しかもこの貸付金、担当した代官が事務手数料として利金の六～一一パーセントを懐に入れることができたのである。

一五〇両から三〇〇両の利益

竹垣直温《なおひろ》の場合、寛政期に元金一万両、さらに追加された計三万五〇〇〇両の公金を貸し付けした。三万五〇〇〇両もの公金を引き出させたのは竹垣の手腕だろう。その利金として年三〇〇〇両を得ている。この三〇〇〇両はもちろん農村復興にあてる公的な費用であるが、そのなかから毎年三〇〇両が手数料として懐に入った計算になる。

収納率の問題もあり、実際半分の一五〇両程度だったともいわれるが、それでも年に手数料で一〇〇両以上が入るとはかなりおいしい副業だったようだ。

ただし、一万両を貸し付けたからといってすべてうまくいくわけではない。

なかには豪商が貸し出した元金が貸し倒れしてしまうケースもあった。その場合、幕府に対して代官が負債を背負うことになり、返済できないと処罰された。前述の関東代官・宮村高豊の例がそれで、結局宮村は遠島の憂き目に遭っている。

次の任地に移る時に拝借金や幕府からの借金があればそれを返済し、返済のめどが立たないと処罰されたのだ。代官には財テクの能力が必須条件であった。

足りない資金は不動産業でねん出 江戸で行なわれた土地貸しと町屋経営

代官は公金貸付という副業を行なったが、「副業」で収入を増やしていたのは代官だけではない。江戸の武士のほとんどが副業を持っていた。

副業といえば蛇の目傘の傘はりや金魚の飼育、仕立物などの内職を思い浮かべるかもしれないが、大きな収入源になったのが不動産業である。

現代でも土地を利用したアパート経営や駐車場経営で収入を得ている人もいるが、幕臣たちもそうした土地貸しや町屋経営に精を出していたのである。

なぜ彼らが不動産経営に乗り出したのか。それは代官を含む幕臣たちが土地貸しのできる条件を備えていたことも大きい。というのも旗本や御家人は知行《ちぎょう》のほかに屋敷地を賜っていたのだ。この拝領屋敷地に自分たちで家を建て、家督《かとく》と共に代々相続していた。いわば家賃のいらない公営住宅である。下賜される土地の規模は禄高で決まっており、二〇〇石の旗本で四〇〇坪の宅地が基準だったという。敷地内に奉公人の家族も住まわせないといけないが、かなり広い土地だったことがわかる。

敷地内に家庭菜園をしてもまだ十分余裕があった。そのため余剰地を地貸しする者、あるいは拝領屋敷を人に貸して自らは小さな借家に住み、差額を儲ける者もいたようだ。借り手はいくらでもいたようで、御家人、大名の家臣のほか、学者、医師など武士以外の者も少なくなかった。サツマイモで有名な儒学者・青木昆陽《あおきこんよう》は、八丁堀《はっちょうぼり》の与力《よりき》の屋敷地を借りていた縁で、町奉行の大岡忠相の目にとまり、抜擢されたという。

貸家経営を始めた代官

もちろん代官クラスもこの不動産業を多く手掛けていた。

林長孺は愛宕《あたご》下に一八五坪の拝領屋敷を賜ったが、自宅を建てず年一〇両で人に貸して地代を得ている。また、以前から懇意にしていた松代《まつしろ》藩主の侍医のあっせんで松代藩抱えの町屋敷地を五〇両で譲り受けると転居。三〇年ローンを組んでその土地に貸し家を作り毎月五両三分一匁の家賃収入を得たという。今でいうアパート経営を始めたのである。

竹垣直清も白金町の地を貸して年四〇両の地代収入を得ていたが、さらに不動産投資に乗り出そうと考えたのだろう。骨董商のあっせんにより運用目的の土地を妻名義で二二〇〇両出して購入している。竹垣がその後、この土地をどう運用していくらの収入を得ていたのかは不明だが、かなり不動産投資に力を入れていたことがわかる。

賄賂に癒着、そして横領……悪代官の正体は代官の部下だった!?

「お代官様お許し下せえ」と懇願する農民を足蹴にして年貢を必要以上に搾り取り、商人とは癒着して私腹を肥やす。

しかし、これまで見てきた通り、実際の代官は悪代官のイメージとはずいぶん違う。ギリギリの人数と費用で広い任地を統治し、差配するのは並大抵の苦労ではなかった。江戸詰めの者は二重生活になり、任地に赴任した代官は住み慣れない土地で苦労しながら、役を終えれば借金まみれという例も少なくなかった。

そのため不正を働きたくなるかもしれないが、幕府の監視も厳しく、そんなことが露見すれば重い処罰が待っており、役を失うくらいで済めばよいが、下手をすれば切腹や島流し、さらにはお家取り潰しと、身分を棒に振る可能性もあった。そのため真面目にコツコツと職務を全うする代官がほとんどだったのである。

ただし代官所で不正がなかったわけではない。なぜなら代官が不正を働かなくても悪代官のイメージそのままの存在がいたからだ。

手代の採用と昇進

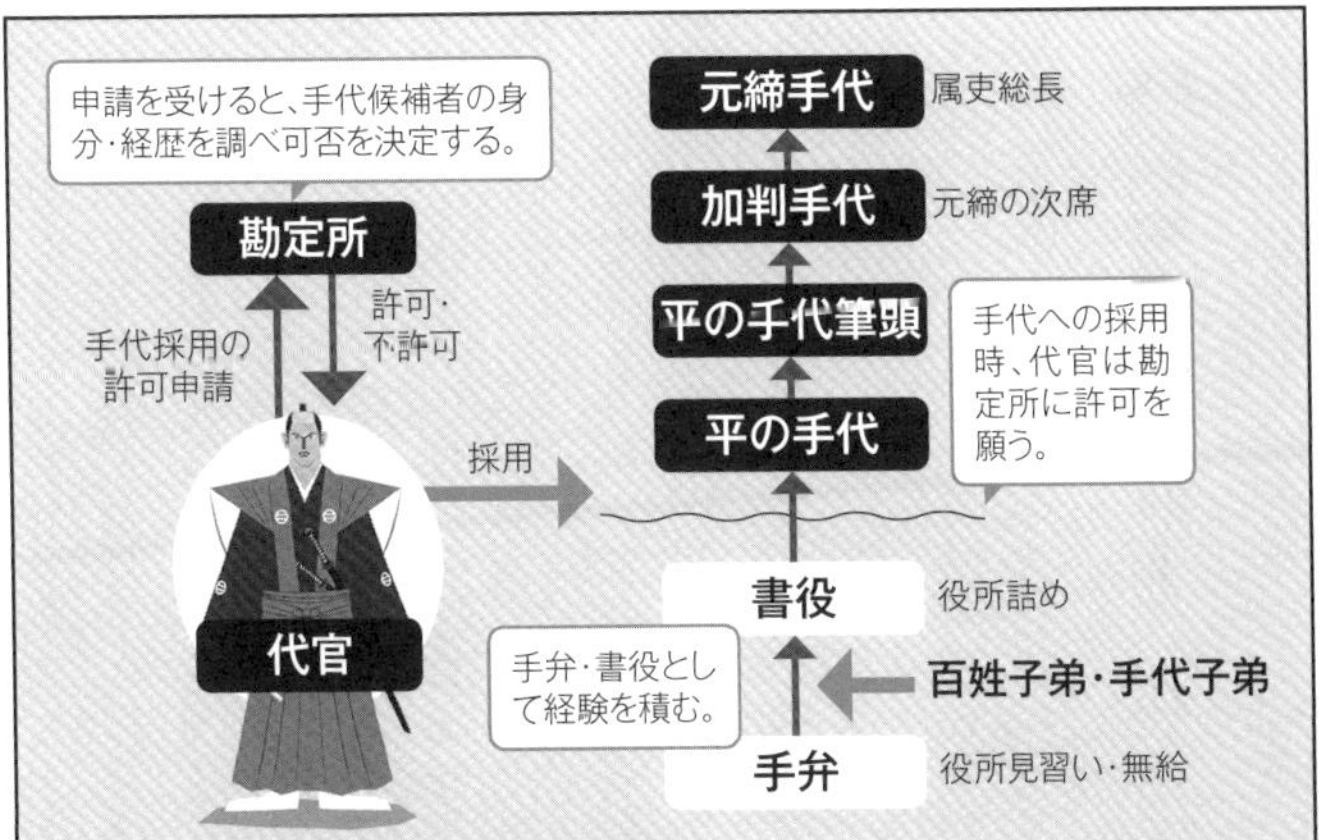

手代は書役から優れた者が採用される。しかし、採用について代官に決定権はなく、勘定所の許可が必要だった。

それは配下の手代である。代官の補佐官としては手付と手代がいたが、手付は武士身分で代官と一緒に転勤していくものだ。一方手代は、町人や代官所近くに暮らす農民で事務に熟練した者がリクルートされた、現地採用者だった。

代官に個人的、または代官所に雇われていた彼らの給料は役所運営費のなかから支払われたのだが、江戸時代後期の場合、無休の見習いとして奉公し、有給の書役、手代、加判《かばん》手代、元締手代へと出世した。元締手代の給料は三〇両五人扶持、手代は二〇両五人扶持が支給された。それ以外にも様々な手当があてがわれていた。住居手当、引越手当、出張日当と旅費、特殊任務手当、文具代、光熱費などに加え、残業すると夜食代もついた。他に御用始《ごようはじめ》には酒や肴代《さかな》、さらに歳暮祝儀といった贈り物もあり、おいしい役得のある職務だったようだ。

こうした副収入に加え、地方の利権が集中する代官役所にいればさらに儲けるチャンスがあったようだ。公金をごまかしたり、年貢米をくすねたり、便宜を図る代わりに賄賂を受け取ったり、時代劇の悪代官さながらの悪事をやった手代も多かった。六代将軍・家宣《いえのぶ》に仕えた新井白石《あらいはくせき》も、税収落ち込みは代官手代の不正があるからだと批判するほど、その悪行は目に余るものだったようだ。

不正でたんまり稼いでいたからだろう。生活も華美になったらしく、江戸時代後期には手代に対する掟書が発布されている。その内容は、通常は綿服を用いて袴《はかま》は粗末なものにすること、道具は金銀など華美にせず、刀は実用的なものにすること、駕籠《かご》に乗らないこと、建築には上等な素材を使わないこと、進物贈答は簡素にして農民などから進物を受け取らないことなどが記されている。裏を返せば、それほど手代たちが派手な生活を送っていた証だろう。

悪徳手代に悩まされる代官

不正を働く手代はそれこそ代官がすぐに叱れば良いと思うかもしれない。ところがことはそう簡単ではなかった。彼らは時として横暴で、代官が気に入らなければ仕事をボイコットするなどして抵抗したという。事務に熟練した彼らがいなければ仕事が滞ってしまう。それだけではない。手代の落ち度が発覚した場合、代官の監督責任が問われてしまい、その負金は代官にのしかかってくる。

天保二年（一八三一）に美濃郡代となった野田斧吉《のだおのきち》は、洪水によって領内の輪中《わじゅう》が損傷し、五〇〇両を支給されたが、手代が三〇〇両を着服。手抜き工事となり怒った領民が騒動を起こした。手代はのちに処分されたが、斧吉も江戸へ召喚され、その途中で死去している。自害だったともいう。「秘書が勝手にやった」は通用しない世界である。

そのため代官のなかには手代をもてあましノイローゼになる者もいたという。

そうした代官に寛政四年（一七九二）に関東代官となった三橋成方《みつはししげかた》がいる。記録上は就任二年後に病免となっているが、歴史研究家の古川愛哲氏によると、記録には手代を憎む余り手代と全く話すことがなくなったとあり、これこそがノイローゼの症状ではないかという。結局手代は皆辞職してしまい、業務遂行が不可能となった成方も辞職したというのが顛末である。

代官にとって、いかに優秀な手代を確保し、管理してきちんと働かせるかが、職務遂行の可否を分けたのである。そのため有能な手代は代官と共に任地を移ることもあった。

代官が仕事上の参考にしていた必携のマニュアル本があった!?

仕事をするうえでマニュアルは欠かせない。

マニュアルがないと何も出来ない人間にはなるなと教育されるものの、まず仕事の基本を押さえるのには手引書が最も便利である。

農村を巡回して年貢を滞りなく徴収し、インフラを整え、犯罪者を裁く……と、多忙な日々を送りながら、少ない人数で五万石程度の領地を治めていた江戸の代官たちも、多岐にわたる仕事を覚えるのに、難儀したであろうことは想像に難くない。

前任者について代官見習いなどで修業を積む場合もあったが、経験がものをいう職務でもある。そうした代官たちの間にも実は必携の書とも形容されるマニュアル本が存在した。

それが、一般的に「地方書《じかたしょ》」と呼ばれる書物群である。

これは同業者である代官が自らの経験と見識を活用しながら、民政、農政、検地、年貢、普請など、地方制度に関する規則・取締・慣例・裁決などを収集し、収録した農民支配のための規範書である。

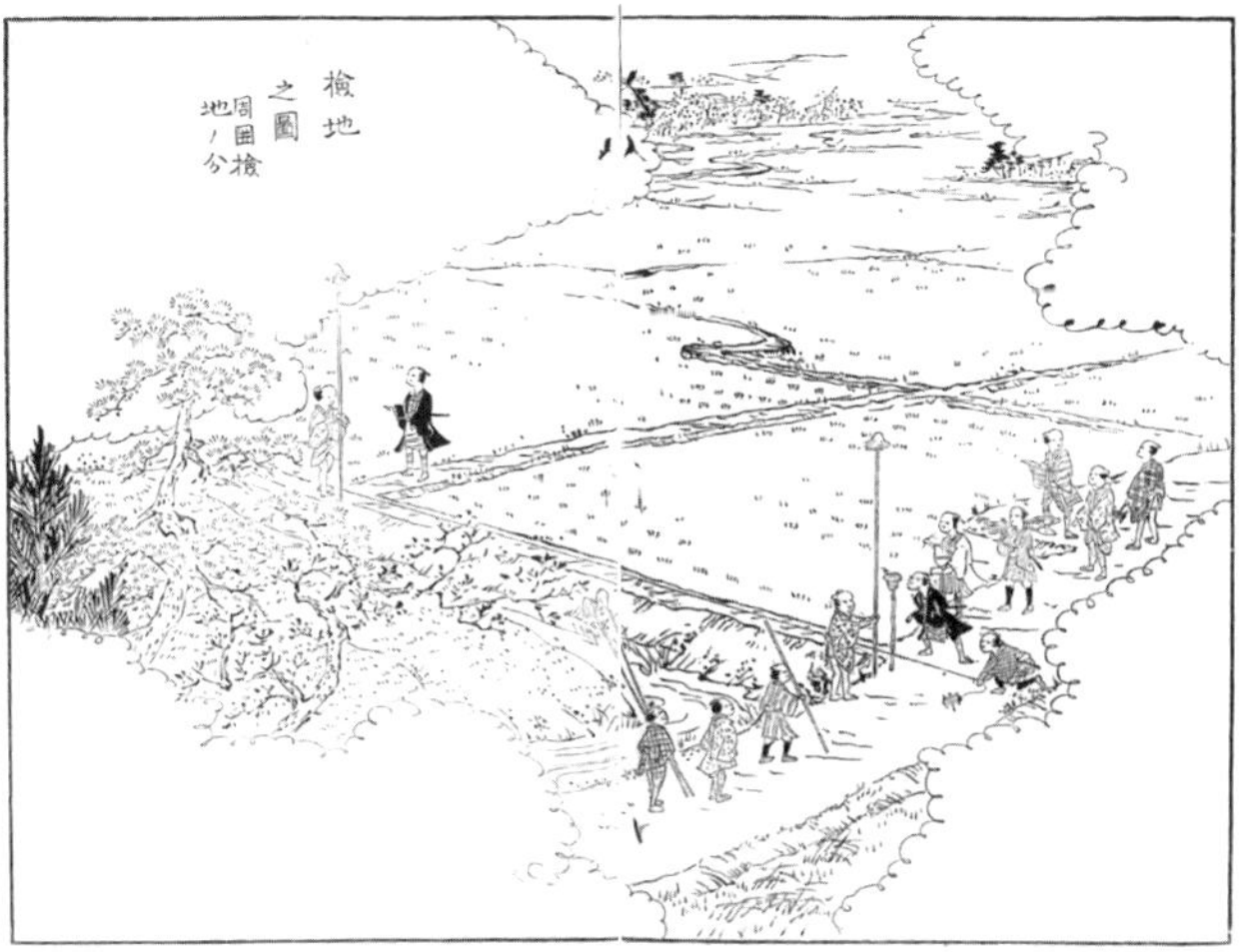

「検地之図」（徳川幕府県治要略／国会図書館）。検地を行う代官所の人々。こうした地方の職務もマニュアル本によってスムーズに進んだ。

当初は関東郡代伊奈氏のような世襲代官の家系に代々の地方支配の記録が家伝書として伝わったものであった。

それがやがて、享保の改革に伴って地方支配機構の整備が急務とされたため、幕府の下級地方役人や諸藩の郡奉行など、地方に精通した地方巧者《じかたこうしゃ》によって次々に地方書が編纂されるようになる。

これが地方制度の解説書として木版本の刊行、あるいは写本として広く普及。代官となった者たちのマニュアル本として広まっていく。

その一例をあげると、大石久敬《おおいしひさたか》『地方凡《じかたはん》例録《れいろく》』、田中喜古《たなかよしひさ》『民間省要《みんかんせいよう》』、蓑正高《みのまさたか》『農業慣行』、小宮山杢之進《こみやまもくのしん》『田園類説』『地方問答書』、辻六郎左衛門《つじろくろうざえもん》の『辻六郎左衛門上書』のほか、『地方落穂集』『地方国本録』など数えきれないほど多数ある。また法令集として荒井顕道《あらいけんどう》の『牧民金鑑《ぼくみんきんかん》』、青山秀堅《あおやまひでかた》『公裁録《こうさいろく》』がある。

なかでも『牧民金鑑』は二二巻におよぶ大著で、代官、村役人などの公事方心得のほか、法令、先例、慣行などが集約され、代官業務や農政、村政、年貢、刑罰、訴訟、交通、窮民など扱う内容も多岐にわたっている。

弘化《こうか》四年（一八四七）に陸奥国塙代官となって以降、各地の代官を務めた荒井顕道が、後進の代官執務の便宜のために編纂したもので、長年にわたって収集した法令・書付・達書・伺書を、御代官心得、御取箇、新田、検地など九三項目に分類整理したもので、農政を学ぶ格好の手引書となった。

庄屋の息子が作製した地方書

多くの地方書のなかでも最も優れたものとして賞賛され、代官の多くがお手本にした代表的書物が、前橋藩郡奉行の大石久敬が記した『地方凡例録』である。明治の役人たちも地方第一の書と絶賛したほどであった。

『地方凡例録』は、大石が仕えた高崎藩主じきじきの、地方についてまとめるようにという指示のもと、十二巻にまとめた労作である。

地方書の名著

法令集	『牧民金鑑』（荒井顕道）	江戸時代農政に関する法令集。法令・書付・達書・伺書を、御代官心得・御取箇・新田・検地など93項目に分類整理。
法令集	『公裁録』（青山秀堅）	化政期を中心に天保4年（1833）までに幕府が代官に宛てた触書、先例を整理・収録したもの。
地方書	『地方凡例録』（大石久敬）	地方総論に始まり石高之事、検地之事、新田切添之事、検見仕法之事など江戸時代の地方のことを網羅した地方書の名著。
地方書	『民間省要』（田中休愚）	享保6年（1721）に成立した農政および意見書。賦税、国用、民役、村役人論、地方役人論、治水政策、交通政策、土地政策に言及する。
地方書	『田園類説』（小宮山杢之進）	検地之事、石盛之事、根取之事、厘附之事など田制、租法に関する項目から成る。
地方書	『辻六郎左衛門上書』（辻六郎左衛門）	享保期の幕府首脳部からの農政上の基礎的諸事項に関する質問への答申草案。年貢の検見取制と定免制について詳細に論じる。
地方書	『算法地方指南』（長谷川寛閲ほか）	検地、普請などの計算方法を記述した地方書。

享保年間以降、多くの代官たちによって地方のマニュアル本「地方書」が著わされ、後進の代官たちの間で広く読まれた。

その内容は検地や新田開発、年貢徴収にまつわる事項や、度量衡《どりょうこう》、貨幣などについての規則、方法、前例が記されている。当時の農村支配、民政に関して重要な情報が網羅された実際に役立つ解説書として多くの代官が参考にしたようだ。

これは、もともと武士ではなく大庄屋の家に生まれて農政に詳しかった上に、江戸に出るまで各地を見て回った大石だからこそ記すことができた書物ともいえる。

地方書には、ほかにも検地、普請などの計算方法を記述した『算法地方指南』『算法地方大成』などのより実用的な書物もある。

代官たちはこうした優れた手引書で、その職務の基礎を学んでいたのである。

代官の四割近くが在職中に生涯を終えた

武家にとって一大事なのが家督相続である。隠居して存命中に家督を譲ることもあれば、死んだ後に相続させることもあった。前者を隠居相続、後者を跡目相続といった。

このうち跡目相続の方が多かったようだ。なぜなら当時の武士に定年がなく、一生奉公を基本としていたからである。一応、幕府は七〇歳、尾張《おわり》藩は六〇歳などと隠居可能年齢を設けていたものの、あくまで一生奉公することが第一とされた。逆に言えば何歳でも役につくことが可能だったのである。

では代官はどうだったのだろうか。代官の最後を見た場合、最も多いのはやはり在職中の死亡で、全体の四割近くにのぼっている。天保以前はもっと多く、代官の半数が現職で亡くなっていたという。

それに比べて病気などによる辞職、隠居は二二パーセントだ。つまり隠居相続より死後の跡目相続の方が多く、代官も生涯現役を貫いていたことが分かる。

ただし隠居しないで在職中に亡くなると、いろいろ面倒な事態が起こったようだ。嫡子

代官の最期

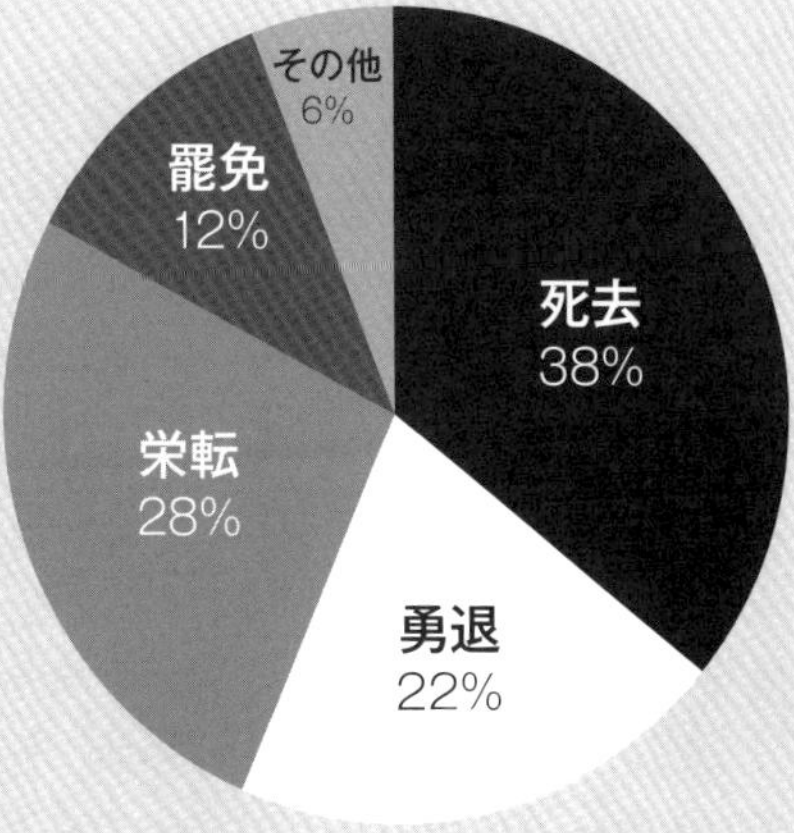

代官のじつに4割近くが在職のまま死去している。

が十分に成長していなかったり、代官の場合は負債処理に時間がかかったりするため、数カ月から一年もその死を伏せたという。

たとえば甲斐や陸奥の代官を歴任し、馬《ば》喰町《くろちょう》御用屋敷詰代官になっていた荒井顕道も在職中の文久二年（一八六二）八月一二日、四九歳ではやり病にかかって急死した。

この時、周りの代官らはその死を秘して、嫡子《ちゃくし》の郁之助《いくのすけ》が代官職を継げるようほうぼうへ働きかけた。

ただし当時築地の海軍学校で学んでいた郁之助自身に代官を継ぐ気がなく、一〇月に軍艦頭取《とうどり》になることが決まって家督相続がようやく決着した。

代官もなかなか簡単には死ねなかったようである。

コラム 代官所へ行こう！③

五條代官所跡

大和の幕領を治める五條代官所は、現在のJR五条駅の西方約600mの五條市役所の場所にあった。現在同地には五條代官所跡の石碑が建つ。文久3年（1863）8月17日、尊皇攘夷派の志士・吉村寅太郎率いる天誅組の襲撃を受けて、代官鈴木源内が殺害され、代官所が焼失したため、天誅組の乱鎮圧後、元治元年（1864）10月、幕府は代官所を現在の市役所の西方約400mの場所に再建した。

この代官所は明治元年（1868）5月、奈良県に引き継がれ、五條県庁、警察大屯所や中学校を経て明治10年（1877）に五條区裁判所となった。現在一帯は史跡公園として整備され、代官所正門として使用された長屋門が現存している。門は天誅組義挙140周年を記念して改修され、民俗資料館として公開されている。

アクセスデータ JR和歌山線「五条」駅下車、徒歩15分

天誅組の襲撃を受け、移転した五條の代官所址。

特集！

名代官
VS.
悪代官

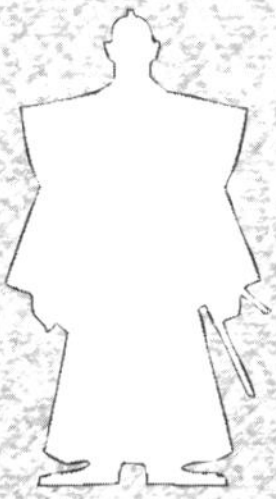

滅私奉公の10人の代官と
私利私欲にまみれた3人の代官

BEST 01

江《え》川《がわ》英《ひで》龍《たつ》

1801年〜1855年

国防を志し、近代工業の発展に貢献した開明派代官

幕末期、いち早く国防の必要性に気づき、日本の近代化に貢献した開明派の代官が江川英龍である。

江川家は伊豆国韮山《いずのくににらやま》の代官を世襲してきた名家で、当主は代々、太郎左衛門《たろうざえもん》を名乗ってきた。

享和《きょうわ》元年五月(一八〇一)に生を受けた英龍は、父の跡を継いで天保《てんぽう》六年(一八三五)に伊豆・武蔵《むさし》・駿河《するが》・相模《さがみ》など関東近郊に五万四〇〇〇石の支配地を持つ韮山代官に就任した。

着任当初から貧民救済に努めて産業を奨励するなど民政に取り組み、役人の収賄や不正を厳しく禁じて自らも質素倹約に努めた。飢饉《ききん》や打ち壊しが相次ぐ不安定な世情のなかで、民の暮らしぶりを視察するため、手代と共に刀剣の行商人に扮して自領内を見回ったりしている。のちに英龍の支配地に入った甲斐の郡内《ぐんない》地方では、後年その善政を称えて「世直し江川大明神」と書いた幟《のぼり》が節句のときに神社に建てられたという。

また英龍は剣術をよくし、書や画を学び、新しい知識の蘭学・洋学の吸収にも熱心だった。画家で思想家の渡辺華山《わたなべかざん》とも交流が深く、海外事情にも通じていた。

今も韮山にそびえる反射炉

英龍の支配地は、海岸線に面したところが多い。異国船が盛んに出没するため、海防意識を強く持つようになった英龍は、西洋砲術を学ぶ傍ら、海岸線の巡視を行ない、幕府に対して大砲鋳造、軍艦建造、西洋砲術の採用などを次々に建議した。

天保一〇年(一八三九)に幕府が蘭学者たちを弾圧した蛮社《ばんしゃ》の獄《ごく》では、英龍の立場も危うくなるものの、天保一二年(一八四一)には西洋砲術の専門家であった高島秋帆《たかしましゅうはん》に師事している。そして嘉永《かえい》六年(一八五三)、ペリーが来航。英龍はこれを機に国防に重きを置くこととした幕府によってその知識と才覚を買われ、海防掛勘定吟味役格《かいぼうがかりかんじょうぎんみやくかく》に任ぜられると、安政《あんせい》元年(一八五四)、さらにその砲術知識を買われて品川沖に台場を造ることを命じられている。

現在レインボーブリッジの下に見える方形の二つの島がこの時に築かれた台場の址である。

さらに英龍の業績を今に伝えるのが、反射炉《はんしゃろ》の建設である。反射炉とは、高温の燃焼ガスなどを炉内に送り加熱して金属の製錬や溶融に用いる炉の一種で、英龍は、大砲鋳造には一度に大量の金属を溶解でき精錬も容易にする反射炉がぜひとも必要であると、かねてから訴えていたのである。

だが英龍は、この反射炉の建設中、安政二年（一八五五）に江戸屋敷で肺炎のため志半ばにして没してしまう。

それでも息子の英敏《ひでとし》が事業を継ぎ、安政四年（一八五七）に韮山に反射炉を完成させた。この反射炉で製造された大砲二八門が台場に配備され、ほかにも英龍が実現した多くの技術が、日本工業の近代化に貢献した。

反射炉は、現在も韮山に完全な姿で残っており、英龍の業績を今に伝えている。耐火レンガを積んだ煙突がそびえ、高さは一五・七メートル。炉の外側は伊豆の特産品の伊豆石で、当初はその表面を白い漆喰で覆っていたという。

また英龍は、韮山塾という私塾を開いて後進の育成にもあたった。全国から集まった若者たちは「実用専務」をモットーとして、勉学だけではなく射撃や火薬製造、陣法などの訓練を積んだ。塾生は四〇〇〇人にも及んだとされ、そのなかからは、明治政府で総理大臣となった黒田清隆《くろだきよたか》や陸軍大臣となった大山巌《おおやまいわお》、長州藩士の木戸孝允《きどたかよし》など多くの人材が輩出している。代官の枠を超えた活躍ぶりである。

BEST 02

井《い》戸《ど》正《まさ》明《あきら》

1672年〜1733年

サツマイモ栽培を導入して農民を救った学代官

島根県の石見《いわみ》地方を歩くと、「井明府《いめいふ》」や「井戸公碑《いどこうひ》」などと刻んだ石碑があちこちで目につき、その数は石見だけで一五〇、周辺地域も含めると四〇〇にも及ぶという。「明府」とは古代中国で地方長官をさした言葉で、これらは江戸時代中期の石見代官、井戸正明を顕彰する碑なのである。

井戸正明は、寛文《かんぶん》一二年（一六七二）に江戸に生まれて勘定役などを勤め、将軍吉宗《よしむね》から金二枚を賜るほど精励に職務を果たしていた。そして還暦を迎え、そろそろ隠居という年齢になって、石見国大森《いわみのくにおおもり》の代官に任命されたのである。

これは当時としても異例の人事だった。石見は銀山を擁する重要な土地ながら、平地が少なく石の山ばかりが見えることから、その名がついた。その石見国は当時打ち続く天候不順と疫病のため国中が荒れ果てており、これを再生させることが、六〇を越えた新任代官・井戸正明の使命だったのである。

享保《きょうほう》一六年（一七三一）、江戸から着任した正明を、農民たちは国境まで出迎えて口々に窮状を訴えた。正明はこれを受けて、赴任早々私財を投げ出したり、領内の富裕の者から義援金を募ったりしたほか、役人が不正を働かないよう強く戒めた。

だが、農民を飢えから救うにはもっと根本的で長期に渡る施策が必要であった。すなわち飢饉の際に食糧となる凶作に強い作物の栽培である。正明は、薩摩国《さつまのくに》ではやせ地でもよく育つ芋を栽培していて、それが農民たちの食糧になっていると旅の僧侶から聞くと、これを導入しようと決意した。

だが当時の薩摩藩は、幕藩体制下にありながらも鎖国のような状態にあり、自藩からの作物の持ち出しを一切禁じていた。

それでも正明は、持ち出し発覚のリスクを犯してまで苦心の末に種芋を手に入れ、領内で試作させたのである。

最初の試みではまだ栽培法がわからず、しかも植え付けの時期が遅れていたため、大方はうまく育たたなかったが、ある農民が山の中腹に植えたサツマイモだけは、かろうじて収穫でき、翌年の種芋が確保された。このときのサツマイモが、やがて収穫量を増やし、石見や近隣の人々を飢えから救うこととなった。

サツマイモといえば、それを関東に広めた青木昆陽《あおきこんよう》が有名であるが、正明はそれよりも先にサツマイモを普及させせようとしていたのである。

わずか二年で病に倒れるも領民には長く慕われる

サツマイモ栽培に曙光《しょこう》が見えた一方、享保一七年（一七三二）は、全国的な長雨と低温に見舞われ、稲の害虫であるウンカやイナゴまで大発生した。

これが西日本一帯に、享保の大飢饉と呼ばれる大災厄をもたらすことになるのだが、正明は早いうちから一刻の猶予もならぬ事態であることを察し、幕府の許可なく陣屋の蔵を開いて米を放出して農民に与え、年貢の減免を断行した。このため石見だけは、享保の大飢饉でも餓死者を出さなかったと伝えられる。

ところが正明は、老いの体で激務をこなし続けたために病に倒れ、備中笠岡《びっちゅうかさおか》の陣屋で療養したものの、その甲斐なく没する。大森の代官となってから、わずか二年目のことだった。

この正明の死が石見では、無許可で蔵を開いたため幕府に罷免され、自害したのだと語り伝えられている。おそらくは、正明が民衆に尽くしたために生まれた逸話であろう。

その後も正明は、芋殿さん、芋代官などと呼ばれて人々から親しまれた。農民は、秋の米の収穫をすませ、芋掘りも終わると、「井明府」「井戸公碑」にその年最初に採れたサツマイモを捧げ、寺院で「芋法座」「芋法事」を行なって翌年の豊作を願ったという。

BEST 03

伊奈忠次《いなただつぐ》

1550年〜1610年

土木技術と判断力で戦国時代から生き抜いて来た地方巧者

徳川家康《とくがわいえやす》が江戸に幕府を置くにあたり、大きな力となったのが伊奈忠次である。伊奈氏は信州の出身と伝えられるが、忠次の祖父の代に家康の父・松平広忠《まつだいらひろただ》に仕えるようになった。

忠次は天文《てんぶん》一九年（一五五〇）に三河国《みかわのくに》で生まれ、一時、家康のもとを離れて浪々の身となったこともあったが、本能寺《ほんのうじ》の変《へん》が起こった天正《てんしょう》一〇年（一五八二）六月以降、再び家康に仕えて近習《きんじゅう》に加わった。

忠次は実務家としての才能を見込まれて、家康が天下を取る前から、徳川の領地内での検地を任され、知行割《ちぎょうせい》や年貢の取り決めなどに能力を発揮した。また、小田原攻めなどの戦いにおいても、普請《ふしん》や兵糧の管理に優れた手腕を発揮して地方巧者としての片鱗を見せていた。

そして江戸幕府が開かれると、忠次は大久保長安《おおくぼちょうあん》や青山忠成《あおやまただなり》らとともに関東支配の実務を担当することになり、現在の埼玉県に陣屋を構えた。

水戸藩初代藩主徳川頼房の命を受けて伊奈忠次が開削した水戸市の「備前堀」。灌漑用水と桜川・千波湖の洪水防止に貢献し、現在でも農業用水に利用される。

利根川を東遷させ、荒川を西遷させる

忠次の最大の事績は、利根川《とねがわ》と荒川《あらかわ》の改修である。当時の関東平野では、大河川が縦横に流れ、ことに利根川と荒川の流域は洪水が繰り返し発生して至るところに沼沢《しょうたく》があり、田畑にすることができなかった。個人や村の力では、乱流の整理など不可能である。これに取り組んだのが、家康であり、忠次だった。

利根川は、現在の埼玉県羽生市のあたりで分流していたが、忠次は南東に流れる川をふさいで、東に流れる川を主流とした。これが利根川の東遷である。一方荒川は、

現在の埼玉県桶川市で二つに分かれていたが、忠次は現在の綾瀬川《あやせがわ》筋を流れていた東側の流れを締め切り、西側を主流とした。これが荒川の西遷である。

利根川の東遷と荒川の西遷によって、武蔵国の東部から下総国の西部にかけての広大な新田開発が可能となり、多くの村が生まれた。支流の改修や築堤、用水路の開削も推し進められた。これらの地域には、「備前掘《びぜんぼり》」と呼ばれる用水路が今でもあるが、忠次が備前守に任ぜられていたことから、こう呼ばれるようになったものである。また忠次が駆使した築堤技術は「伊奈流《いなりゅう》」と呼ばれた。

こうした工事によって下流域にある江戸近郊の治水も安定し、江戸が都市として発展することになる。

地方巧者として知られるようになった忠次だが、戦国武将としての気質も失うことがなかった。支配地で悪党が騒ぎを起こすと、手代を連れてその屋敷に乗り込み、自らの手で討ち取ったりしている。また、終生質素な生活を送り、武蔵国足立郡の源長寺にある伊奈家の頌徳碑には、忠次について「少壮のときに貧しかったため、位を上げてもその窮乏を忘れず、民の苦労を知り、寛容で慈悲深い民政を行なった」と刻まれている。

一連の開発は、忠次の時代だけで成し遂げられたものではなかったが、忠次の子孫もその後長きに渡って関東郡代《ぐんだい》を世襲し、江戸の基盤を築いたのである。

BEST 04

川《かわ》崎《さき》定《さだ》孝《たか》

1694年〜1767年

商売人の肌感覚を持つ多摩の農民出身代官

享保の改革を進める八代将軍・徳川吉宗の治世下、大岡忠相《おおおかただすけ》に実力で抜擢された地方巧者《じかたこうしゃ》のひとりが川崎定孝である。

武蔵国多摩郡押立村《おしだてむら》の名主の家に生まれた定孝は、小金井《こがねい》の原を開墾して栗林《りつりん》とし、そこで育てた栗の実を吉宗に献上したのをきっかけに、享保七年（一七二二）、大岡忠相の目に留まった。

元文三年（一七三八）、武蔵野が大凶作に見舞われると、当時の代官の上坂政形《うえさかまさかた》が定孝に救済策を相談、定孝は上坂に協力して私財をもって窮民を助け、翌年に新田世話役に抜擢された。

その後も荒廃した武蔵野の回復に勤め、普請役や見聞御用《けんぶんごよう》を経て寛保三年（一七四三）、上坂が異動すると、上坂の支配地三万石の代官となったのである。

定孝は、年貢や治安などにばかり目を向けがちなほかの代官と違って、商売人としての肌感覚をも持っていた。

象のフンを売り出して大ヒット

定孝の才覚は、象のフンを売り出すというユニークさでも発揮されている。

享保一四年（一七二九）、インドから日本に象が連れて来られた。

象は長崎から東海道を通って江戸にやって来ると、将軍への御目見得を終え、多摩の農家で飼育されることとなった。これを引き受けたのが、定孝とその仲間であった名主らなのである。

定孝らは、ただ象を預かったのではなかった。その頃、象のフンには薬効があると考えられていたため、フンを丸めて乾燥させ、「象洞」という名で売り出したのである。同時に白牛のフンも「白牛洞」として売り出したところ、「象洞」「白牛洞」は疱瘡《ほうそう》や麻疹《はしか》の薬になるとして売れに売れ、多額の利益をあげた。しかも定孝は、その金を富裕層に貸し付けて利息を得ると、新田開発や肥料の購入費用とした。金を稼ぐだけではなく、その使い道をも考えていたのである。

また、現在、小金井の玉川上水沿いは桜の名所として有名だが、これも定孝が植えたのが始まりである。

当時、江戸の庶民には物見遊山に出かける余裕が生まれ、上野の寛永寺や品川の御殿山《ごてんやま》、向島《むこうじま》の墨提《ぼくてい》や王子の飛鳥山《あすかやま》など、桜の名所が次々に生まれていた。定孝は、玉川上水を改修すると同時に山桜を植えて、農民の行楽の場としたのである。

さらに寛延《かんえん》二年（一七四九）、定孝は美濃国本巣郡の支配を担当することとなった。ここは、堤防を巡らせたなかに民家や田畑があり（輪中）、洪水が多い。定孝は多摩での実績が認められ、治水工事を任されたのである。宝暦《ほうれき》四年（一七五四）には、名実共に正式な代官となり、支配地を洪水から解放する功績を挙げた。

その後定孝は、出羽・越後を預かり、宝暦一二年（一七六二）に石見銀山奉行となり、大森陣屋へと移った。

こちらも勤め上げた正明は、明和《めいわ》四年（一七六七）には、日本の銀山を管轄する勘定吟味役《かんじょうぎんみやく》・石見国銀山奉行兼任にまで出世し、七三歳で没している。

武蔵野の新田があった関野・三角原には、民衆のために尽力した定孝を讃えて「川崎大明神」と刻まれた石碑があり、岐阜県の野田新田や花塚地区にも川崎神社が建てられている。

定孝は、吉宗から家重《いえしげ》、家治《いえはる》の三代の将軍の時代にかけて活躍した。この間、幕府の方針は何度も変転したが、それでも登用され続けたのは定孝の能力が揺るぎないものだったからだろう。

BEST 05

田《た》中《なか》喜《よし》古《ひさ》

1662年〜1729年

著書が吉宗の目に留まり出世した元農民

享保の改革で徳川吉宗に抜擢された大岡忠相。この名奉行によって取り立てられた代官のひとりに田中喜古（休愚《きゅうぐ》）がいる。

この人物、実は元農民で、養子となって本陣の当主をも勤めたという珍しい経歴の持ち主である。

喜古は、寛文二年（一六六二）に武蔵国多摩郡で生まれた。生家は農業のかたわら絹織物商を営んでおり、喜古は絹織物の行商をするうちに才覚と人柄を見込まれて、川崎宿の名主で、大名の宿泊所でもある本陣と問屋を兼ねていた田中家の養子となった。天和《てんな》三年（一六八三）頃のことである。

当時、交通量が急増していた宿駅は公役を課せられその負担で疲弊していた。川崎宿もそのひとつであったが、やがて本陣の当主となった喜古が、六郷川《ろくごうがわ》渡船経営の権利を川崎宿の請負とする許可を得たため、川崎宿には年間数百両に及ぶ船賃が入ることとなった。

こうして川崎宿を繁栄に導きつつ、寡婦や孤児のための耕地を設けるなどしたため、喜古は次第に信望を集めていった。

幼い頃から学問に秀でていた喜古は、詩歌や俳諧《はいかい》にも親しんでいたが、五〇歳になってから江戸に遊学に出ると、儒学者・荻生《おぎゅう》徂徠《そらい》の門下となって学んだ。その後も、西国巡礼の傍ら見聞を広めるなど、知識の吸収を怠らなかった。

そして享保六年（一七二一）には、経世済民論を説いた『民間省要《みんかんせいよう》』を著わす。これは、治水、普請、駅伝、農民の負担、農民の気風、交通、村役人、地方役人、信仰など、民政のあり方を七七項目に渡って述べたもので、宿駅の経営や飢饉・凶作対策についても独自の理論を展開している。

また、年貢や農民の負担を無定見に増やすことは、かえって農村の荒廃を招くと指摘し、役人や御用商人の不正なども巧みに批判している。

これが大岡忠相、徳川吉宗の目に留まり、享保八年（一七二三）、喜古は幕府の命によって川除《かわよけ》普請の担当となった。このとき喜古は、六二歳である。

喜古は『民間省要』で、治水についてとりわけ詳しく筆を割き、徒《いたずら》に新田を開発しても、用水が引き分けられてかえって水不足を起こしかねないなど、あくまで現実に立脚した取り組みを論じているので期待されたのであろう。

これを受けて喜古は、武蔵国の荒川、多摩川、六郷・二ヶ所用水の普請に携わる。そうしたなか、もっとも力を注いだのが相模国酒匂川《さかわがわ》の治水であった。この川は、流れが速くてしばしば洪水を起こし、しかも宝永《ほうえい》四年（一七〇七）の富士山の大噴火による降灰で流れが変わったため堤防が決壊したままとなっており、流域の農民たちは難儀していたのである。

堤の補修は難工事だったが、喜古は土俵一俵ごとに僧侶に陀羅尼経《だらにきょう》を誦ませ、水流に逆らわない堤を築いた。

その後、一帯はダラニ堤と呼ばれるようになったという。また、堤の上に古代中国で黄河の治水を行なったという禹王《うおう》の廟《びょう》を建て、そこに参拝する者は石か土を携えて行き、それを踏み固めるようにさせたという。大工事のなかでは実際の力にならなくても、農民たちに主体的に築堤に参加するのだという意識を高めさせたのである。

また喜古は、堤の上に桃、栗、梨、杏などの果樹を植え、それを祭で振るまわせた。これも、堤に親しみを持たせようとした試みのひとつだろう。

こうした功績が認められ、享保一四年（一七二九）、喜古は、支配勘定格と三〇人扶持が与えられ、関東に三万石を支配する代官となった。

しかし惜しくも同年一二月に死去。子の喜乗が家督を継いで代官となり、また酒匂川の治水は娘婿の蓑正高によって引き継がれた。

BEST 06

鈴《しず》木《き》重《しげ》成《なり》

1588年〜1653年

島原の乱で荒廃した天草のために死を賭して上訴した代官

寛永一四年（一六三七）に勃発し、草創期の江戸幕府を揺るがせた島原《しまばら》の乱は、三ヶ月にも及ぶ戦闘で、天草の地を荒廃させた。二万人余あった島全体の人口が五〇〇〇人ほどまで減ったという。

幕府は、苛政によって乱を招いた松倉、寺沢両家の責任を問い、その所領を没収。幕領となった天草に初代代官として据えられたのが鈴木重成である。

重成の生家は、三河から徳川家康に仕えていた譜代《ふだい》である。そうした家に生まれた重成は島原の乱において、知恵伊豆《ちえいず》と呼ばれた老中の松平伊豆守《いずのかみ》信綱《のぶつな》の配下で鉄砲奉行として乱の鎮圧にあたり、軍功をあげている。一揆勢は原城を枕に全滅するのであるが、このとき、キリシタン信仰の強さを目の当たりにした重成は、乱の後も信綱とともにしばらく天草に留まり、諸事情を調査している。

未曾有の大乱から四年。重成は寛永一八年（一六四一）に代官として天草に着任したが、まだまだ人心は不安定だった。

そこで重成は、村の分合整理を行ない、九州各藩からの移民を定住させるなどして、村の建て直しに努めた。同時に、荒廃した人心を落ち着かせるべく、仏教を奨励した。じつは重成は、赴任に際して出家して禅僧となっていた兄の重三《しげみつ》を伴っており、この兄にその役割を依頼する。重三はこれに応えて寺社の復旧を進めて農民の精神的拠所を形にしつつ、重成の民政を補佐していった。

とはいえ、天草の地は戦国以来キリスト教信仰が盛んな土地である。農民たちがキリシタンとの関わりがないか、幕府が重成に調べさせたところ、キリスト教が深く根付いていたため、関わりのない者は一人もいないという状態だった。すると重成は、それを記した書類を残したりしては災いになると考え、すべて焼き捨てたという。

また重成は、島原の乱に加わって命を落とした者たちを殉難者として供養する塚を築くなど、粗略に扱うことはなかった。こうして天草の民も重成の支配に服するようになり、次第に落ち着きを取り戻していった。

年貢を半分にするよう幕府に嘆願

一方で重成は、新たな検地にも力を入れた。島原の乱が起こった原因が、厳しすぎる年貢の取り立てに追いつめられた農民たちが、キリスト教信仰に救いを求めたことにあると見ていた重成は、そもそもそれまでの四万二〇〇〇石という石高が多すぎるのではないかと疑念を持っていたのだ。

そして、詳細な検地の結果、石高は二万一〇〇〇石が適正であるという結論に達したが、これは幕府に入る年貢もほぼ半分になるということである。幕府側もそう簡単に受け入れられるものではない。重成は粘り強く交渉を行なった。

しばしば江戸に赴き、天草の事情について幕府に報告を行なった重成であったが、承応二年（一六五三）に江戸の屋敷で急病のため死亡している。六六歳であった。

だがこの死は、天草では、年貢の引き下げ嘆願が叶わず、抗議のために自害したものと固く信じられている。

重成の思いがかなうのはその後のこと。彼の没後、養子の重辰《しげたつ》に跡目相続が許され、重辰は天草の二代目代官として着任。重辰も、重成の遺志を継いで民政に尽くしつつ、幕府に対して石高半減の陳情を繰り返したのである。ついに万治二年（一六五九）、幕府も改めて検地を行ない、天草の石高は二万一〇〇〇石であると認めた。こうして天草には、ようやく平穏な時が流れるようになったのである。

天草の地には鈴木神社が造営され、各所に鈴木塚が建てられた。鈴木神社には、重成、重辰、そして重三も祀られている。

BEST 07

山《やま》口《ぐち》高《こう》品《ひん》

?〜1821年

那須野ヶ原開墾の先駆けとなった北辺探検隊員

越後出身の山口高品が江戸に出て幕府に仕えることとなり、優れた資質を発揮したのは、まず北方探検隊の一員としてであった。

その頃、蝦夷地《えぞち》にはロシア人がしばしば姿を見せており、南下をもくろんでいると考えられたため、幕府は北辺調査隊を組織した。天明四年（一七八四）にその調査隊の一員となった高品は、翌年に江戸を出発すると、樺太《からふと》や蝦夷で密貿易がなされていないか、どのような資源があるのかといった調査をおよそ二年にわたって行ない、『蝦夷拾遺《えぞしゅうい》』という報告書にして幕府に提出した。いわば高品は、北辺探検の先駆者の一人なのである。

その後、高品は美濃国で郡代・鈴木正勝を補佐する手付となり、寛政五年（一七九三）には下野国と武蔵国のなかにある幕領およそ五万石を代官として支配することを命じられた。

これは、天明三年（一七八三）から四年にわたり猛威を振るった天明の大飢饉で荒廃した農村を建て直し、農民を救済するための幕府の政策の一環だった。とくに下野国は困窮振りが激しく、土地の様子を調べつつ民情を察するべく、高品の探検経験に裏打ちされた手腕を買ったのである。

農民の負担をなくすための出張陣屋

当時、関東の代官は江戸在住が習慣化していたが、非常時ということもあって老中・松平定信は、進んで地方の陣屋に赴任するよう代官たちに命じたため、高品も下野国吹上村の陣屋に在駐した。

高品は疲弊した幕領の農民たちの負担を減らすことにひたすら努めていく。着任早々、高品は恒例となっていた村役人の年始の挨拶を廃止すると申し渡した。これは、下野と武蔵からわざわざやって来るのは日数も費用もかかるので、村にとって負担であろうとの考えからである。

続いて村々には、陣屋を設けたのは年貢の増収を図るためではなく、百姓の風俗が奢侈になり、遊惰になって荒れ地が増えているのでそれを改め、困窮から立ち直らせるためであると告げている。

そして当時としては画期的な施策だったのが、出張陣屋の設置である。

各地の村の名主らは、所用があるとそのたびに陣屋まで出かけなければならなかったが、吹上までの道のりは長いため、往復の費用もかさんだ。そこで高品は、享和三年（一八〇三）に那須郡の八木沢《やぎさわ》村に出張陣屋を設置したのである。当初は五年という期限で設けたのだが、その期限が近づくと、出張陣屋の存在に恩恵を蒙っていた名主たちが熱心に延期を願い出たため存続することとなった。

また高品は、天明の大飢饉によって激減した人口を回復させるため、生まれた子供の名前と人数を届出させて二歳になるまで養育費を支給する、人口に余裕のある北陸から農民を呼び寄せて三年間は年貢を免除し、家作普請を援助するなどの政策を実行した。

現金収入も重視し、村々に漆の木を植えさせ、そこから採れる漆液を売りさばいて村の復興にあてるなどの政策を行なっている。

そして何よりも重視された米の生産量を上げるべく、那須野ヶ原《なすのがはら》に用水路を開削する計画に着手した。

那須野ヶ原は広大ながら水に乏しく、原野が続くばかりの土地だったが、水不足さえ解消されれば大規模な開墾が可能となる。高品は、穴沢を流れる穴沢用水から水をわけてもらって分水路を設け、那須野ヶ原を縦断させようとしたのである。高品はこの事業の途中で文政四年（一八二一）に病没するが、用水路は山口堀と呼ばれて明治期まで役目を果たし、那須疏水が開削される先駆けとなった。

BEST 08

岡《おか》上《のぼり》景《かげ》能《よし》

？～1687年

足尾銅山での増産や新田開発を成功させるも、悲劇の最期を遂げた代官

岡上景能は、上野国の沼尾川《ぬまおがわ》用水を開削した父・景親から職を引き継ぎ、寛文元年（一六六一）に代官になった。越後、上野、下野、武蔵や足尾銅山《あしおどうざん》などの幕領を支配し、越後国魚沼《うおぬま》郡、上野国新田郡、下野国足利《あしかが》郡などで荒れ地の開墾や用水路の開削を行なった。

また寛文八年（一六六八）から足尾銅山の奉行を務めた際、足尾銅山の産銅量を大幅に引き上げたことは特筆に値する。それまでは年間一〇〇～三〇〇トンほどだった産銅量が、景能が代官となってから、一三〇〇～一四〇〇トンにまで増加したのである。

そして景能は、荒れ果てた原野が広がる扇状地の笠懸野《かさがけの》を新田として開墾した。工事では豪商の銅問屋らを請負衆《うけおいしゅう》として、渡良瀬川《わたらせがわ》から用水を引き、荒野を約二〇〇〇町歩もの新田に変えたのである。用水路は、総延長約二〇キロに及ぶ。これによって一八の村が生まれ、集落は計画的に区画されて長方形の地割のもと、街道の両側に屋敷が建ち並んだ。

この大規模な開墾には、足尾銅山から出た銅を、江戸まで運ぶルートを短縮するという目的もあった。それまで銅は、渡良瀬川《わたらせがわ》に沿った銅山街道を経て、笠懸野を通り、平塚河《ひらつかか》

岸《し》から利根川の舟運で江戸まで運ばれていた。だが、開墾とともに銅山街道を整備して、笠懸新田を宿駅とすれば距離も短縮されて、さらなる発展が見込めるのだ。

過去の不正が発覚し、罪に問われる

ところが、笠懸野のなかに渡良瀬川の水を引いたため、下流の村から流水が不足するようになったという苦情が出てしまう。そのため、笠懸野では、下流の村でも多くの水を必要とする夏期には、堰の取水口に戸を立て、それを越えた分だけを用水とする取り決めとなった。その結果、開発した耕地の多くは水田にすることができず、畑地とされた。

貞享《じょうきょう》四年（一六八七）、景能は幕府から切腹を申し渡された。幕府の記録によると、二つの村の境界争いが起こったため、幕府が調査を進めたところ、土地の引き渡しをした景能に不正があったことが発覚したのだという。この罪で八丈島に流されることとなったが、その後また、年貢収納の不正があったことがわかり、万事休す。切腹となったのだという。

景能は篤く仏教に帰依し、その生活も清廉潔白だったと伝えられるが、真相は不明である。景能の死後、用水は荒廃したが、明治時代の実業家・伏島近蔵《ふしじまこんぞう》らによって新たに工事がなされ、維持管理も行なわれることとなり、笠懸野新田は再興を果たした。

BEST 09

荒《あら》井《い》顕《けん》道《どう》

1814年
～1862年

貴重史料の宝庫である『牧民金鑑』を著わした博学代官

地方書《じかたしょ》の名著のひとつに『牧民金鑑《ぼくみんきんかん》』がある。全二二巻から成り、幕府の法令がその新旧も含めて収録されており、先例や慣行、史実、同僚等の記した書き付けまでも分類・収録した、代官所で実務をとる者にとって極めて便利な必携の書といえる。

これを記したのが、幕末の代官・荒井顕道である。荒井家は江戸の御家人で、微禄ゆえ豊かではなかったが、顕道は和漢の書を読んで成長し、オランダ語やフランス語にも通じていたため西洋の知識に親しんで育った。

小普請《こぶしん》方から弘化四年（一八四七）に陸奥国塙《はなわ》代官となり、嘉永《かえい》二年（一八四九）には甲斐国市川の代官となって、その在任中に『牧民金鑑』を著わした。これは代官職を引継ぐときに、散逸した書類が多く、跡役への申し送りも歳月を経て失われることが多いことに気がついたため、重要書類の散逸を防いで不備を補うべく書いたのだという。これほどの大著を一朝一夕に完成させることは不可能なので、代官の職務のかたわら、優秀な手付・手代らと共に書類を集め、書きためたものだと思われる。

明治政府内でも用いられた実用の書

『牧民金鑑』は行政上、非常に優れており、明治新政府の世となっても前島密《まえじまひそか》をはじめとする能吏たちによって、内務省や大蔵省の業務の参考として活用されたという。また、代官役所の貴重な史料が数多く収録されているため、現代の学術資料としても貴重である。顕道は、『牧民金鑑』のほか、『香宇叢書《こううそうしょ》』『迂軒雑綴《うげんざってつ》』などの著書を残している。

嘉永七年（一八五四）に大地震が起こると、顕道は被災者を救済するため奔走し、私財をも投じた。被害の大きかった高田村には手篤い救済をしたとの言い伝えがあり、陣屋に近い一宮浅間神社内には、「御代官荒井清兵衛顕道大人神位」と記した生祠が建てられた。

その後の顕道は、その能力を買われ、和宮《かずのみや》降嫁が予定されると江戸の伝奏《てんそう》屋敷の整備を命じられ、降嫁の際には接待役に任じられるなど、多忙な日々を送った。

ところが、文久二年（一八六二）に江戸でコレラが大流行し、顕道もこれに冒《おか》される。伝奏屋敷に出かけて勤めを終え、帰宅して机に向かってオランダの地理書を見ていたところ急な発症があり、医師の診察を受けたものの、その日のうちに病死した。四九歳という働き盛りであり、命を保ったら明治政府でも活躍したことだろうと惜しまれる人材であった。榎本武揚《えのもとたけあき》と行動を共にし、箱館戦争で活躍した荒井郁之助《いくのすけ》は、顕道の長男である。

BEST 10

林《はやし》長《ちょう》孺《じゅ》

1806年～1878年

尊王攘夷派と裏で関わっていた幕末の文人代官

幕末に遠江国中泉《とおとうみのくになかいずみ》や出羽国柴橋《でわのくにしばはし》の代官を勤める一方で、尊王攘夷派と親しく交わり、その考えに共鳴していたのが林長孺である。

文化三年（一八〇六）に武蔵国で生まれた長孺は、青年時代は放埒な生活ぶりだったというが、心機一転、学問に打ち込んで儒学者となった。そして弘化三年（一八四六）には、勤番士《きんばんし》の師弟のための教育機関として甲府に創設された徽典館《きてんかん》の学頭となり、嘉永六年（一八五三）には遠江国中泉の代官に任命されたのである。

その経歴から代官職は畑違いに思われるが、この年、ペリーが浦賀《うらが》に来航するなどの不穏な情勢のなかで、有能な人材として思い切った登用がなされたのだろう。

代官となった長孺は、訴訟では冤罪のないように慎重に取り計らうなどして、領民の信頼を得ていった。

安政二年（一八五五）一〇月には安政東海大地震が起き、遠江国でも甚大な被害が出たが、長孺はすぐさま蔵を開いて穀物を被災民に分け与え、自分でも金三〇両を投じて麦や稗を買い入れると救済に当てた。

さらに富裕な者には援助を求め、恵済倉《けいさいそう》を建てる建議を行なうなど臨機応変の対応を見せている。

そして安政五年（一八五八）には羽前国柴橋へ転任した。

ここには幸生銅山があったが、産銅量がなかなか増えないでいた。ところが、長孺は自ら従者を連れて坑内に入るなど努力を重ね、約三〇〇〇斤もの増産という成果を上げたのだった。

安政の大獄に巻き込まれることなく

こうして代官としての勤めを忠実に果たす一方で、長孺は尊王攘夷派の面々とも親しく交流していた。

部屋住み時代に、水戸藩士で尊王攘夷思想の指導者である藤田東湖《ふじたとうこ》と対面して意気投合して以来、水戸藩の尊王攘夷派とも深く関わるようになっていたのである。また藩主・松平慶永のもとで薩摩の西郷隆盛らと共に一橋慶喜《ひとつばしよしのぶ》擁立の朝廷工作に奔走する越前藩士・橋《はし》本左内《もとさない》らとも議論を交え、書状のやり取りを続けていた。

それでも長孺は、あくまで代官としての立場を逸脱することなく、目の前にある職務に尽力し、表立って尊王攘夷の運動に身を投じることはなかった。

やがて井伊直弼《いいなおすけ》の大老就任に伴い、一橋慶喜の擁立運動は失敗に終わる。

安政五年（一八五八）に始まった安政の大獄では、一橋派や尊王攘夷派の志士の多くが捕らえられ、橋本左内は死罪となり、徳川斉昭ら諸侯や、幕臣までも多くが蟄居《ちっきょ》や左遷を命じられた。長孺はこの時期、柴橋の代官として江戸で在勤していたが、この波乱に巻き込まれることはなかった。

長孺は、詳しい日記を書き残しており、そこには職務に関わる事柄や学者としての考え、家族との生活や、様々な人物との交流が詳細に記されている。ただし、安政の大獄が始まる直前から終息する頃までの時期の日記は欠けており、身辺を警戒していたのではないかと考えられる。

その後の長孺は、文久二年（一八六二）には御納戸頭《おなんどがしら》に任ぜられて布衣《ほい》を許されると、翌年一二月には学問所頭取となり、元治元年（一八六四）、勤仕並寄合となって明治を迎える。

有能さで知られ、尊攘派にも人脈を持つ長孺のことであるから、明治新政府からも引きがあったと思われるが、出仕することはなく、晩年には江戸麻布の屋敷で儒学を教えて過ごした。明治になっても攘夷思想を貫き、西洋の物は一切使わなかったという。

WORST 03

塩《しお》谷《や》正《まさ》義《よし》

1770年～1836年

新田開発のため行なった政策が裏目に金ばかりかかる正義漢

豊後国《ぶんごのくに》にある日田《ひた》は、九州各地に通じる交通の要衝であることから幕府の直轄地とされていた。文化一三年（一八一六）にこの地の代官となったのが、塩谷正義である。

正義はそれまで、丹後《たんご》・但馬、摂津《せっつ》・播磨《はりま》の代官を務めた豊富な経験があった。その名の通りの正義漢で、丹後では、窮乏から農村で間引きが行なわれているのを知ると、豪商からの献金を得て、その利子を子の養育にあてさせるなど、民政にも力を尽くしている。

日田代官に着任した正義は、まず小ヶ瀬出手《おがせいで》の開削を行なった。これによって、多くの村が水利に恵まれるようになり、五〇〇町歩もの荒地が水田として甦った。また、日田川を改修して通船の便を開いて街道の補修も行ない、領内の交通網を整備した。火事などの非常時に備えて、富裕な者に寄付させた米を備蓄して陰徳倉《いんとくぐら》を設けている。

また福祉政策にも熱心であった。豪農たちからの寄付で田地を購入すると、その収穫から出る小作米を盲人のために使う盲人田を数十町歩つくったり、進んで自ら忠孝や仁義を説き、孝行者がいると褒美を与えるなど、類《たぐい》まれな善政を行なった。こうした一連の施策が幕府に認められ、文政四年（一八二一）には西国筋郡代《さいごくすじぐんだい》に昇格している。

領民にとっては迷惑だった普請工事

このように塩谷正義の施策は慈愛にあふれたものである。しかし、それがなぜ「悪代官」とされたのだろうか。

それは福祉事業を別にして、正義のほとんどの事業は領民にとって迷惑以外の何物でもなかったからである。

当時、土木工事にかかる費用や労働力の多くを領民に負担させるのが当たり前とされていた。だが、正義の事業は大規模で年月がかかり、しかも日田陣屋からはほとんど事業費を出さず、豪商や豪農はもちろん、各所の町や村に命じて出させていたのだ。

ことに文政九年（一八二六）年から始まった海岸の埋め立て・干拓は、工費三万両、人夫はのべ三三万人にのぼるという大事業であったため、領民の間には不平不満が積み重なった。「塩谷の政治は難しく、すべてに手間がかかって出費が多く、前任の代官のときの三倍にもなった。町の者も村の者も、困窮した」という記録がある。

そして天保六年（一八三五）、正義は罷免されて江戸に呼び戻された。代官失格の烙印が堪えたのか、正義は翌年に没している。

WORST 02

大原《おおはら》正純《まさずみ》

1764年～1823年

大原騒動の鎮圧後に度重なる不正を働き流罪となった悪代官

幕領飛騨《ひだ》では、明和《めいわ》八年（一七七一）と安永三年（一七七四）の二度、大原紹正《つぐまさ》が代官を務めた時期に大規模な一揆が起きている。これは紹正の圧政によるものであるが、紹正はこれを鎮圧し、年貢を増やしたことで幕府に認められて郡代に昇進した。

騒動が収まったあと、天明二年（一七八二）に代官職を継いだのが、紹正の子で一八歳だった大原正純である。この正純は、父のもとで代官職の見習いをしたのち家督を継いだのだが、それゆえにと言うべきか、父に劣らぬ悪代官だった。

着任早々、江戸で勘定の時節となったため金子が入用だとして、村々の石高に応じて金を出させたり、豪商や豪農から金を借りたりした。これを正純は一条金と称し、その額は六〇〇〇両にも及んだ。使途ははっきりせず、要人への賄賂にあてたという説もある。

幕府からの救援金まで着服

悪人が災厄を招くのか、正純が代官となってからも飛騨では凶作が続き、その上天明四年（一七八四）には高山が大火に見舞われて焼失家屋およそ二五〇〇、被災者六五〇〇人という甚大な被害を出した。正純に援助を求められた幕府は、飛騨全土への夫食金《ふじききん》として二〇二一両の貸し付けを行なったのだが、あろうことか正純はこの金の一部まで着服した。

さらに、年貢をあらかじめ多く納めさせ、すべて納めれば精算して返金するという年貢過納金を一〇年献じるよう強制したのである。

度重なる悪政に対して、天明騒動と呼ばれる運動が農民たちの間で起こり、ついに天明七年（一七八七）、領民による老中・松平定信への駕籠《かご》訴《そ》が行なわれた。

幕府もかねてから正純には疑惑の目を向けていたため、一七人もの巡検使を派遣して詳しい現地調査を行なった。農民たちは正純の不正を次々に訴え、裁定の結果、正純は八丈島へ流罪となり、元締手代は打ち首、ほかの手代や地役人の多くも流罪や謹慎、罷免となった。また、正純の子の正矩も連座して追放された。

大原紹正と正純の親子が二代にわたって代官職にあった二四年間、明和・安永・天明と続いた一揆・騒動で、刑死した農民は二三人。ほかにも獄死や、乱闘で命を落とした者など、多くの犠牲者を出した。幕府の裁定は遅きに失した感があるが、大原騒動と呼ばれる飛騨の混乱は、ようやく終息を見た。

大原家の墓石は、人々の怨みと怒りで傷だらけになっている。

WORST 01

大久保長安《おおくぼちょうあん》

1545年~1613年

江戸時代の基礎を築きながら、幕府転覆を目論んだとされた逆臣代官

徳川家康が抱えていたブレーン集団のなかでも、ひと際切れ者ぶりを発揮したのが、甲斐《かい》武田家の旧臣・大久保長安である。

長安は、諸地方の検地を行なって、甲州《こうしゅう》街道、東海道を整備するなど、様々な分野で実務家として活躍した。また、中山道から進軍してくる敵に備えて、武田家や北条家の旧臣をも積極的に組み入れて半士半農の状態で八王子《はちおうじ》に配置し、千人同心《せんにんどうしん》を組織した。

ことに長安が辣腕《らつわん》を振るったのは、鉱山開発である。伊豆、大仁《おおひと》、佐渡の金山、石見の銀山は、甲州流採鉱法と「水銀流し」と呼ばれる精錬法を駆使する長安の指導によって産出量を増大させ、これが徳川幕府の重要な財源となった。

その死の直後、家康は葬儀を中断させて断罪

江戸時代の代官と言うと、身分は低く生活も苦しかったが、長安は例外で、莫大な富を手に入れると、大名よりも豪奢な生活をした。任地や鉱山に出向くときは、家臣団のみな

らず美女や猿楽師《さるがくし》を侍《はべ》らせ、宿場ごとに華やかな酒宴を繰り広げたという。

わが世の春を謳歌《おうか》した長安は、やがて慶長《けいちょう》一八年（一六一三）、六九歳で没する。ところが家康はその数日後、突然長安の葬儀を中止させる。生前の長安が、金銀を隠匿し、陰謀を企んでいたことが発覚したので、それを糺《ただ》すというのである。しかも家康は、七名いた長安の男子すべてに切腹を命じるという苛酷な処分を下した。長安の陣屋は探索され、各地の幕領に散っていた手代は大名に預りの身となり、知行地も財産もすべて没収となった。親しかった者までが、改易されるなどの処分を受けた。

これについては、長安が金銀山経営に不正があり私服を肥やしていたとも、家康に隠れてキリスト教を信仰していたためともいわれるが、定かではない。幕府内の勢力争いに巻き込まれたという説も根強い。

死の直前、長安は藤堂高虎《とうどうたかとら》あてに、「金山、銀山の勘定も、甲斐や関東各地の勘定も、すべて精算してある。木曽の山林の材木も、一本たりとも私用としていない」と書いた書状を残している。家康に疑われていることを勘づいていたと思われるが、それでも家康がなぜ長安の死を待たねばならなかったのかも、謎のままである。

「悪代官」と呼ぶには少々不憫《ふびん》な感もあるが、長安はこうして江戸期を通じて極悪人のレッテルを貼られてしまったのである。

コラム 代官所へ行こう！④

山村代官屋敷

山村代官屋敷は、尾張藩の木曽代官に任じられた山村氏の代官所である。代官は幕府の勘定所直属の代官のほかに、各藩が直轄領に派遣した藩の代官も存在した。

木曽谷の山村家は、関ケ原の戦いでの功績が認められ、尾張藩徳川家の直轄地支配を担当する代官職を任された家で、代々代官職とともに福島関所の関守を兼ねていた。

山村代官屋敷には、下屋敷の一部の城陽亭や、山村蘇門の家臣・学友であった石作駒石の書斎「翠山桜」、そして駒ケ岳を借景とした築山泉水式の庭園が現存する。

建物内には山村家の文化資料、著書、調度品などが展示され、尾張藩の代官支配の様子を今に伝えている。

アクセスデータ　JR中央本線「木曽福島」駅下車、徒歩15分

木曽谷の徳川家直轄地支配を任された木曽代官・山村家の拠点だった山村代官屋敷。下屋敷の一部と庭園が現存する。

第三章

代官の江戸時代

――〝お代官様〟の性格はどのように変わったのか？

幕府草創期の代官

代官に任命された人々の意外な出自とは？

時代劇では民衆の敵であるお代官様だが、幕府側から見ると幕領を支配し、幕府の経済基盤を支える役人である。そのため代官の人選は重要な問題であったが、興味深いことに幕府が求める人材の特徴は時代とともに変化していた。

江戸時代の代官はどういう変遷をたどったのか、それを振り返ってみよう。

徳川政権の代官の歴史は、天正《てんしょう》一八年（一五九〇）に徳川家康《とくがわいえやす》が関東に配置替えとなった直後から始まった。

領地の支配確立に向けてまずは甲斐武田《かいたけだ》家の旧臣・大久保長安《おおくぼちょうあん》、三河譜代《ふだい》の伊奈忠次《いなただつぐ》、今川旧臣の彦坂元正《ひこさかもとまさ》、長谷川長綱《はせがわながつな》ら、家康の側近グループが代官頭となった。

彼らは検地、土木、鉱山開発などに独自のノウハウを持つ地方巧者《じかたこうしゃ》で、配下の代官、手代《てだい》らを使って徳川領の検地や治水、交通網の整備、鉱山開発、町の建設など徳川家による関東経営の実務を取り仕切った。彼らによって治水灌漑《かんがい》工事が促進され、新田開発による耕地の拡大が進んでいった。

◎代官関連年表①——草創期

天正18年（1590）	徳川家康、関東へ入国する。
慶長７年（1602）	徳川家康、関東領国の地頭・代官へ郷村掟を交付する。
慶長８年（1603）	徳川家康、征夷大将軍に就任。江戸幕府成立する。 大久保長安が佐渡奉行に任ぜられる。
慶長９年（1604）	伊奈忠次による備前堀の開削が始まる。
慶長11年（1606）	彦坂元正が失脚し、幕領支配は伊奈忠次・大久保長安体制となる。
慶長15年（1610）	伊奈忠次、常陸国において備前堀を開削する。
元和６年（1620）	浅草に米蔵が設置される。

彼ら代官頭の手足となって働いたのが当時の「代官」であり、このポストには在地の土豪のほか、甲斐武田氏や小田原北条《ほうじょう》氏の旧臣、三河《みかわ》、遠江《とおとうみ》など街道筋の在地代官など、その土地のことをよく知る人材が多く登用されている。

この時代の代官には優秀な人材が多く、幕府の地方行政を整備、築きあげていくために大いに貢献したようだ。

豪商、神職などが代官になる

やがて江戸幕府が成立し、徳川家の支配が全国に及ぶ頃には、長谷川や彦坂らの死亡や失脚により、幕領支配は伊奈忠次と大久保長安のふたりの手に委ねられた。忠次が関東から東海を、長安がそれ以外を統括する形で、代官らを活用して支配にあたった。代官らはやはり在地の者が多く登用されていたが、次第に彼らが独立し、地方支配を担うようになっていった。

一方で、幕府による全国支配が確立した頃、経済先進地の畿内や長崎では、意外なことに豪商が代官に採用されている。一見、豪商と代官職とは結びつかないが、戦国以来、堺の会合衆《えごうしゅう》のように、商都の自治は商人層によって行なわれてきた歴史がある。加えて畿内では年貢米の流通と売却を円滑にするため、長崎では幕府の貿易を推進するために、ビジネスに通じた豪商に代官を託したのである。

畿内では京都の角倉了以《すみのくらりょうい》や茶人としても有名な堺の今井宗薫《いまいそうくん》、大坂の末吉利方《すえよしとしかた》、大津の茶屋四郎次郎《ちゃやしろうじろう》らが登用された。長崎では末次政直《すえつぐまさなお》、長谷川藤広《ふじひろ》といった豪商が代官になった。

また、地方に通じた人物ということでは、近江では琵琶湖の湖上交通を担っていた観音寺の西川氏、遠江では八幡宮神官の秋鹿《あいか》氏といった神職も代官に抜擢されている。

このように初期の代官は地域に根差した多彩な人材が登用されている。その土地の特性を生かしながら支配を確立させていったのである。

反面、在地代官や豪商代官は世襲する者が多かったために、地元との癒着が進むという弊害が見られるようになる。

寛永期の代官

在地代官の顔ぶれが一新され、代官は勘定奉行の管轄下へ移る

前述したように、徳川政権初期の頃の代官は一般的な代官のイメージとは大きく異なっていた。豪商や神職など幕臣ではない人々も多く採用され、一部の地域では経済の流通なども任されていたのである。

しかしこれも時代と共に大きく変遷していく。

まず、江戸時代初期に幕領を支配していた代官頭は、地方行政の確立に大きな役割を果たしたが、大きな権限を持つがゆえに次第に疎《うと》まれる存在になっていった。慶長二〇年（一六一五）の豊臣氏滅亡後、大久保長安が没すると、長安に謀反の疑いがかけられ、大久保一族が粛正されてしまう。こうして、当初の代官頭は伊奈氏を除いて消滅する。

そして彼らの配下にいた代官や手代が昇格して、地方支配を担うようになった。

こうしたなか、代官職も含めた幕府財政にまつわる職制も整備されていく。

勘定《かんじょう》を掌握する勘定頭が成立し、大御所・家康のもとで大河内正綱《おおこうちまさつな》が、二代将軍・秀忠《ひでただ》のもとで伊丹康勝《いたみやすかつ》がそれぞれ勘定頭になった。

当初実質的には大河内が財政を掌握して実務にあたっていたが、家康の死によってその大御所政治が終わると、勘定頭も統一され、大河内と伊丹が勘定頭について幕府財政を管轄するようになる。

寛永《かんえい》一一年（一六三四）には老中が幕領および代官を統括することが定められ、翌年には関東筋の代官や農民の訴訟は五人の勘定頭の職務と規定された。

代官の仕事が次第に勘定方の支配のなかに組み込まれていったのである。ただし畿内の代官や農政は京都所司代《しょしだい》ら八人衆の合議でなされ、年貢勘定も関東とは別のしくみになっていた。

全体でみると、関東の幕領は松平正綱《まつだいらまさつな》を始めとした五人の勘定頭、畿内の幕領は八人衆、関東を除く三河以東は小出三尹《こいでみつただ》、同じく三河以西は市橋長政《いちはしながまさ》と四つの支配に分けられており、各地の代官はそれぞれの支配を受けていた。

代官は勘定所の管轄下に

そうした代官の支配系統が確立されたのは、寛永一九年（一六四二）に勘定頭が正式に制度化されて以降である。ここに至り幕領は、勘定頭（勘定奉行）、郡代・代官という支配系統が整備された。幕府財政の根幹である農政を担当する代官が、正式に勘定所の管轄

◎代官関連年表②——寛永期

寛永10年（1633）	町人・百姓の越訴が禁じられ、訴訟の許可制が敷かれる。
寛永11年（1634）	老中による幕領支配と代官の統括が定められる。
寛永15年（1638）	勘定所の職掌が上方と関東方に二分される。
寛永19年（1642）	勘定頭が制度化し、郡代・代官が勘定頭の支配となる。
慶安２年（1649）	全国の幕領代官に「取箇郷帳」の作成を命じる。
承応元年（1652）	幕府勘定頭、代官の職務条令を出す。

下に位置付けられたのである。

同時に代官の職務の位置づけも変わっていった。

延宝元年（一六七三）の「武鑑」によると、三河譜代のほか、今川、武田、北条の旧臣といった地方巧者が依然として登用されている。

彼らは慶長年間までは代官頭管轄の下で、陣屋を支配し検地や年貢の徴収、地域開発などにあたっていたが、のちには農業経営の維持を主要職務と規定されている。

これは在地性の強い代官が世襲して地域全体を私物化することを幕府が嫌い、官僚制に組み込み、一地方の徴税官への移行を推進するものであった。

元禄期の粛正

綱吉のもと、不良代官の大量処罰を行ない、在地との縁を断ち切る

幕府にとって年貢納入は財政基盤の中心となるため、それを取り扱う代官に対しては幕府も目を光らせてきた。不正禁止などを中心とする農村法令を発し、不良代官の粛正を行なってできるだけ代官の官僚化も進めてきた。

しかし依然として江戸時代初期から代々世襲されてきた代官が多かった。これらの代官は一〇〇年余りがたつと職務怠慢や年貢滞納など腐敗が目に余るようになる。世襲というだけで無能な者でも代官になり、代々続くなかで既得権益が膨らんでいたのである。

そのため幕府の税収は増えず、幕府財政が危機にひんするようになっていた。

もはや猶予がならないと考えた五代将軍・綱吉《つなよし》は、代官の顔ぶれを一新する大規模な改革を計画した。世襲の多い不良代官をクビにして、代官職を在地から切り離すことで既得権益を取り上げ、不良債務を含めた会計制度を刷新する構造改革を考えたのである。

世襲代官の大量処分

◎代官関連年表③——元禄期

寛文６年（1666）	代官の同僚や勘定所役人との婚姻・養子縁組を禁じる。
寛文10年（1670）	手代の不手際が代官の責になることを明確にする。
延宝８年（1680）	徳川綱吉、代官の心得として「職務訓令七か条」を発する。
天和元年（1681）	幕府、未納年貢米の調査を行なう。
貞享４年（1687）	幕府、勘定組頭へ総代官への会計監査を命じる。
元禄17年（1704）	幕領が400万石を超える。
宝永４年（1707）	富士山が噴火し、代官・伊奈忠順らが復旧に活躍する。
宝永６年（1709）	1681年以来、この年までに51名の代官が処分される。

まず代官に対して職務訓令を出した綱吉は、天和《てんな》元年（一六八一）に未納年貢米の調査を命じ、会計監査や代官の監査を強化した。

その結果、驚くほど多くの代官が処分されることになる。綱吉時代の約三〇年間に処罰された代官はなんと五一人。天和元年の全国の一年の代官が九九人であったことを考えると、相当な人数が粛正されたことがわかる。当時の代官はかなり腐敗していたというべきで、これが時代劇の悪代官像につながったのかもしれない。

綱吉の時代の初期は、徳川光圀《みつくに》の晩年にあたるから、『水戸黄門』の設定もあながち間違いではないことがわかる。対象となった代官たちの処分理由は「職務怠慢」

「年貢滞納」「年貢負金」であった。

職務怠慢は代官に限ったことではなく、それ以外の役人も処断されているため、新たな官僚制度を整備する意図があったようだ。年貢滞納は、年貢納付が滞ったり、年貢にかみ不正に利益を得たり、年貢を流用したりと代官ならではの処分理由となっている。

ただし、年貢負金については代官の不正とは限らなかった。当時の代官所の運営費は年貢の三パーセントの付加税（口米《くちまい》）によって賄うこととされていたが、毎年一定とは限らない。不作の年は本年貢から一時流用せざるを得ないという制度上の不備もあったからである。その負金が代々累積して一万三四〇〇両の負債を抱えた山城国宇治の上林重胤《かんばやししげたね》や、一万二四〇〇両の負債を抱えた上宮代官・平野藤次郎《ひらのとうじろう》のように、一万両以上というとうてい返済不能の大借金を抱えている者もいた。

ただしどういう理由があるにしろ処罰された代官は弁済だけでは済まされず、改易、流罪、切腹など重い罰に処せられた。

こうして綱吉政権下で処罰された代官のなかには世襲代官が多く含まれており、世襲の代官が次々と姿を消すことになった。

代わって代官についたのは綱吉が召し抱えた新興の幕臣たちである。これにより家職だった代官は土地から切り離されて、実務的な官僚的代官にほぼ一新されたのである。

八代将軍吉宗時代

享保の改革によって誕生した実力主義の代官集団

綱吉の時代に代官の官僚化が進められたが、それで不良代官が一掃されたとはいえなかった。年貢が滞ったり、年貢負金によって破産したりする代官はあとを絶たず、八代将軍・吉宗《よしむね》の時代にも不良代官の粛正が行なわれている。

これらの背景には江戸中期までの代官制度が抱えてきた根本的な課題があった。それは年貢のなかから代官の役所運営費を取り、その残りを上納する口米制度である。年貢の徴収量によって代官所の予算が変動するため、財政は絶えず不安定で、しかも口米の取り立てが年末になるため、それまでの立て替えとして代官は借金せざるを得ないのである。

そこで吉宗は、享保《きょうほう》の改革の一環として、享保一〇年（一七二五）、ついに口米制度を廃止するという根本的解決策を打ち出した。一度すべての年貢を納入させ、年貢の量とは別に代官所の経費を支給する方法に切り替えたのである。一定額の経費を支給することで年貢引負や腐敗を防止し、年貢徴収を増収させようと考えたのだ。

慶長以来減少していた大名《だいみょう》預地《あずかりち》が復活したのも、この時代の特徴である。近くに代官所がないために近隣大名に支配を依頼していた地域であるが、大名としても自領と年貢率が違うことから農民の不満の原因となっていた。幕府も幕領を増やすにはこれらを漸次回収し、正徳《しょうとく》三年（一七一三）に全廃したものの、享保の改革に当たって人材不足が露呈。以後、天保にかけて大名預地は増加していく。

大岡忠相の下、農民や猿楽師の代官が誕生

吉宗の農政改革はこれだけにとどまらなかった。人材登用も思い切った策に出る。今では名奉行として名高い大岡忠相に、「関東地方《じがた》御用掛《ごようがかり》」という役職を兼務させたのだ。これは関東地方の新田開発を目的としたもの。つまり江戸町奉行である大岡に一部農政も管理させたのである。これにより勘定奉行配下の代官が一部、忠相の下に異動している。町奉行と勘定奉行に競争原理を持たせることで、硬直した行政に風穴を開け、年貢収入をあげる成果を期待したものだろう。

かくして代官には、老中―勘定所―代官と、将軍―地方御用掛―代官という二系統が存在することになった。

しかも大岡は配下の代官グループに、門地・家格に捉われず支配地に適した有能な者を任命する柔軟な人材登用を打ち出した。荻原乗秀《おぎわらのぶひで》のような幕臣や、与力から取り立てられた上坂政形《うえさかまさかた》もいたが、浪人の小林平六《こばやしへいろく》と野村時右衛門《ときえもん》、農民の田中喜古《たなかよしひさ》と川崎定孝《かわさきさだたか》、猿楽

◎代官関連年表④——享保期

正徳2年（1712）	幕領の大名預地を廃止する。
享保4年（1719）	徳川吉宗、代官の勘定所内部からの採用に捉われないことを命じる。
享保7年（1722）	田中喜古、『民間省要』を吉宗に上覧する。 甲斐国郡内にて郡内騒動が起こる。
享保8年（1723）	徳川吉宗、代官見立新田に年貢高の10分の1を支給することを引き換えに新田開発を奨励する。 徳川吉宗、足高の制を定める。 韮山代官の江川家が代官職を解かれる。
享保10年（1725）	徳川吉宗、代官所の諸経費支給法を改正。口米制を改める。
元文元年（1736）	代官所の経費支給額が改められる。

師の蓑正高《みのまさたか》など実力主義で民間からも登用されている。このうち小林と野村は新田開発計画を目安箱に投書、田中は農政の意見書が縁となって抜擢された実力派だった。

大岡グループの代官は野村と小林が功を争って罷免されたことを除けば、彼らの能力と熱意が実り、新田開発と年貢増収といった財政立て直しに成果を上げた。

武蔵野新田開発は農業には適さない土地で、一〇年間にわたって試行錯誤が繰り返されたが、農村の事情に詳しい川崎のアドバイスで、なんとか成功させたという。

二系統による代官の職制は、延享《えんきょう》元年（一七四四）に忠相が財政もよくなってきたので地方御用を返上したいと辞退するまで約二〇年間にわたって続けられた。

寛政の改革と代官

老中松平定信によって犯罪者の広域捜査システムが成立する

ひと口にお代官様といっても、地方巧者や土豪出身の世襲代官、能吏としての側面が強い官僚的代官と、時代と共にその性格は移り変わってきた。

一一代将軍家斉《いえなり》の時代、寛政の改革を実施した松平定信《まつだいらさだのぶ》が代官に登用したのはなんと文人的教養を持つ人物だった。なぜ文人的教養なのかというと、農民を教化、撫育《ぶいく》し、仁政をもって農村を支配しようと考えたからである。

この背景には当時、天明の大飢饉もあり、農村からの逃散《ちょうさん》や間引《まび》きが横行して農村が荒廃していたことがあげられる。そのため税収が激減し幕府の財政は再び危機的状況を迎えていたのである。

この状況を立て直すため、老中の松平定信は寛政《かんせい》の改革に乗り出した。農政に重点を置き、その一環でまずは農政の要となる代官の四分の三を入れ替えたのだ。

そして農民から年貢を搾り取るだけではなく、彼らの労働意欲を向上させて農村を立て直したいと考えた。新しい代官には仁政でもって支配できる人物をと、儒者出身の林 長《はやしちょう》

◎代官関連年表⑤——寛政期

延享元年（1744）	幕領が461万石のピークに達し、幕府の年貢収入が180万石に達する。
延享４年（1747）	勘定奉行が諸代官に対して各村の実態調査と年貢賦課基準の算定を命じる。
寛延３年（1750）	江川家が韮山代官職に復帰する。 百姓の強訴・徒党・逃散を禁じる。
天明３年（1783）	天明の大飢饉が始まる。
天明８年（1788）	飛騨の幕領で大原騒動が起こり、郡代・大原正純が流刑となる。 代官手代の綱紀を粛正する。

孺《じゅ》を遠江国中泉の代官に据えたのをはじめ、岡本正成《おかもとまさなり》（信濃国中野）、民政に通じた寺西《てらにし》封元《たかもと》（陸奥国塙）、早川正紀《はやかわまさのり》（美作国久世）といった人々を代官として抜擢した。

彼らは民衆を教化することで耕作意欲を引き出し、納得の上で年貢を納めさせることに心を砕いた。間引きの禁止や勤勉を説くとともに、手当を支給して農村復興や産業の振興に取り組むといった仁政でもって支配にあたった。こうした代官からはのちに名代官と称えられる人たちが出ている。

関東取締出役を創設

また、定信の命を受けた関東の代官たちによって新たな犯罪捜査システムも構築された。幕領、大名領、旗本領、寺社領が複雑に入り組んだ関東八州は、幕領で罪を犯した者が私領《しりょう》（幕領以外の地）へ逃げると、代官下僚らの管轄外となり、これを追っていくことができなかった。それを良いことに江戸後期には利根川筋に多くの博徒《ばくと》が跳梁《ちょうりょう》して秩序が乱れていたのだ。

そこで文化二年（一八〇五）、現代の広域捜査官のように境界を越えて罪人を逮捕できる関東取締出役《かんとうとりしまりでやく》（八州廻り《はっしゅうまわり》）が設置され、広域捜査システムとして機能した。

関東の代官、早川正紀、榊原小兵衛《さかきばらこへえ》、山口高品《やまぐちこうひん》らがそれぞれ手付、手代のなかから二人を選び出し、供の者四人程度を連れて村々を巡回させた。今までと大きく違うのは彼らが幕領、大名領、旗本領、寺社領のどの地でも踏み込んで捕える権限を与えられていたことである。これにより犯罪者が他領へ入っても追尾して召し取ることができ、捕えた犯罪者を勘定奉行所へ差し出した。

この捜査官の創設を建議した四人のうち、山口は元農民で、早川も民政に通じた代官である。農民の生活や捜査の不備など在地の実態を知る二人だからこそ実現できた制度であった。

この八州廻りは主に上野《こうずけ》国、下野《しもつけ》国、房総（安房《あわ》・上総《かずさ》・下総《しもうさ》）などで活躍し、博徒の本拠に乗り込んで親分と取っ組み合いをして捕えたこともあったという。関東一の博打打《ばくち》ちといわれた国定忠治《くにさだちゅうじ》を捕まえたのもこの八州廻りだった。

天保の改革と代官

現実を無視した改革により有能な代官が根こそぎ更迭に！

江戸時代後期の幕府の年貢収入は激減していた。延享元年（一七四四）には一八〇万石あった年貢収入が天保《てんぽう》七年（一八三六）には一〇四万石、ピーク時の約六割にまで落ち込んでいたのである。この対策として、幕府は幕領が多い関東に有能な九人の代官を集め、九〇万石に近い領地を長期にわたり支配させていた。

ところが一二代家慶《いえよし》のもとで天保の改革を始めた老中・水野忠邦《みずのただくに》は、こうした一〇万石前後を治める大代官のほとんどを中堅代官に入れ替えたのである。

なぜ、それなりに実績も残しつつあった実力派の代官を更迭《こうてつ》したのか。じつは実力派であるがゆえに、水野の大胆な改革の妨げになると考えて遠ざけたのである。

水野の行なった天保の改革は、娯楽を禁じ、日常生活でも贅沢を禁止するなどの厳しい倹約令の一方で、農村人口を増やして年貢増収を目指す人返し令と、江戸と大坂一〇里四方の私領をすべて幕領とする上知令《あげちれい》を二本柱として計画していた。

大代官らは「人返し令」の諮問に対し、現実的でないと反対したため更迭されたといわれるが、忠邦の真意は上知令を円滑に実施するための布石だったともいわれている。大代官の支配地にも影響がある上知令を実施するに当たり、彼らの抵抗が予想されたため、あらかじめ排除したのだという。

年貢収入アップ！　人返し令と上知令

天保一四年（一八四三）に天保の改革の施策が断行される。

「人返し令」は、農村部から困窮して江戸に流れ込んだ人々を故郷に返して帰農させる政策だが、実際は地方農民の新規の江戸移住を禁じたものだった。農民を農村に留め、農村人口を減らさないことで収穫量を増やそうとしたのである。

御料所《ごりょうしょ》（幕領）改革も行なわれた。これは収穫量を実際に厳しく調査すること、いわゆる再検地である。年貢の増加を目的に過酷な検地が行なわれたため、代官たちも反発した。また、代官たちが不作の年は年貢を軽くし、小規模な開発は年貢を見逃すなど農民との間に築いていた慣行を根底から覆すものでもあったため、激しい一揆なども起こった。

同じ年、改革の最大の目玉となる上知令も発布された。江戸と大坂、一〇里四方の私領をすべて幕領にするという大胆な改革である。その目的は、軍事上の問題から江戸周辺の入り組んだ領地を幕府の直轄地にすると同時に、年貢率の高い関東周辺の私領を獲得する

◎代官関連年表⑥——天保期

文化2年（1805）	関東取締出役が創設される。
天保8年（1837）	代官中村知剛ら人返しに関する諮問を受ける。
天保10年（1839）	水野忠邦による天保の改革が始まる。
天保12年（1841）	この年、26人の代官の大量人事異動が行なわれる。
天保14年（1843）	人返令が施行される。 御料所改革により、立て直しが図られる。 上知令が発令されるも、反対が激しく撤回される。

意図があった。

しかもこの収公した地を勘定所強化のため勘定奉行直轄にした。これで勘定所の直轄支配は強まるが、大代官がいたら抵抗していただろう。

こうして代官まで配置替えして施行した上知令だったが、大名や旗本の反発は予想以上だった。

とくに既得権意識が強い大名たちは、失政もないのにその地を手放すことに反発した。現実的にも大坂周辺では藩主や旗本が借金のため年貢の前取りをするなど長年の慣行があり、その地を離れられない事情もあったのである。

間もなく上知令は撤回されて天保の改革は挫折し、水野も罷免《ひめん》された。

幕末の代官

天地がひっくり返った明治維新後、代官たちはどうなったのか？

時代劇では悪事を働いて、最後は水戸黄門などに成敗されるという情けない姿をさんざん見せてきたお代官様。確かにそういう人もいたかもしれないが、多くの代官は、少ない人数で広い地域を治め、幕府の財政基盤を支えた能吏であった。

そうした代官たちは江戸時代が終わった後、どのような運命をたどったのだろうか。

幕末、代官は尊王攘夷派の志士《しし》たちに目の敵にされ、苦難の時代を迎えていた。尊攘過激派の活動が活発化するなか、文久三年（一八六三）八月一七日、大和国五條《ごじょう》の陣屋が吉村寅太郎《むらとらたろう》率いる天誅組《てんちゅうぐみ》に襲撃され、代官・鈴木源内《すずきげんない》以下下僚が殺害されている。また、但馬国生野《いくの》陣屋も占拠される事件が起きたが、内部分裂により三日で事件は収まっている。

このように、幕府支配の象徴でありながら防備が手薄な陣屋は、倒幕を掲げる尊攘派の格好の標的となったのである。

そして慶応四年（一八六八）、明治維新を迎えるとともに、幕府は消滅し、明治政府が誕生した。これに伴い代官もその職を失ったのである。

◎代官関連年表⑦——幕末期

安政6年（1859）	江川英龍、韮山反射炉の建設に着手する。
文久3年（1863）	五條代官所が天誅組の襲撃を受ける。生野代官所が平野国臣らにより一時占拠される。
慶応3年（1867）	大政奉還により江戸幕府が倒れる。
明治元年（1868）	「政体書」が公布され、府・藩・県の「三治制」が布かれる。
明治2年（1869）	版籍奉還が行なわれる。
明治4年（1871）	廃藩置県が行なわれる。

明治政府の官吏になった代官

続く戊辰《ぼしん》戦争の混乱のなかで、西日本の代官たちは陣屋を放棄して江戸に向かった。真岡代官・山内崇正のように、戦乱に巻き込まれて官軍に殺害された者もいる。やがて内戦が収まると、東日本ではそのまま代官として据え置かれ、明治政府のもとで県令、知県事として職務を継続する者が多かったようだ。

発足したばかりの明治政府では人材が不足しており、行政能力を持つ代官は重宝されたのである。やがて代官や手代たちの多くがその能力でもって明治政府に官吏として再就職し、地方行政の中枢を担うことになった。

そのひとり、江川英武《ひでたけ》は昭和の初めまで生きた最後の伊豆国韮山《にらやま》代官である。維新後は廃藩置県まで韮山県知事に就任、元下僚とともに引き続き地域を支配した。廃藩置県後に江川は解任されるが、新たに発足した旧韮山県域を含む足柄《あしがら》県の県令には、江川家の手代の柏木忠俊《かしわぎただとし》がついている。江川はその実務能力を買われ、なんと岩倉使節団と共に渡米し、アメリカの兵学校や大学で測量、設計などを学んでいる。帰国後は内務省御用掛、大蔵省入りして議案局や造幣局などに出仕し、明治政府で活躍した。

遠江国中泉代官の大竹宗孝《おおたけむねたか》も、維新後、旧領の支配を県令として継続。やがてその任を解かれると、その実務能力を買われ東京に出て民部省《みんぶしょう》、大蔵省、工部省などに勤めた。

このように東日本の代官の多くがそのまま県令となったが、幕府お膝元の関東の代官だけは少し異色の経歴をたどったようだ。

明治政府も関東の支配は幕府代官に任せようと考えていた。そのため小笠原義利《おがさわらよしとし》、佐々井久保《さざいひさやす》、松村長為《まつむらちょうい》といった関東の七人の代官は、一度知県事を引き受けている。しかしこのまま新政府に仕えることをよしとせず、数か月後には辞職して徳川宗家が移された静岡に向かっている。

このように江戸二七〇年にわたる泰平の世を屋台骨として支えたお代官様は、幕府の崩壊後もその技能を活かし、国家または地方の官吏として近代国家の建設に貢献していたのである。

【参考文献】

『ある文人代官の幕末日記　林鶴梁の日常』保田晴男、『旗本』新見吉治著、日本歴史学会編、『江戸鷹場制度の研究』山崎久登、『支配を支える人々』久留島浩、『百姓一揆とその作法』保坂智（以上、吉川弘文館）／『江戸早わかり事典』花田富二夫、『ビジュアル・ワイド　江戸時代館』、『将軍と大奥　江戸城の「事件と暮らし」』山本博文（以上、小学館）／『楽しく読める　江戸考証読本　三　大名と旗本編』稲垣史生、『江戸幕府の代官』村上直、『江戸の危機管理』（以上、新人物往来社）／『天領』村上直（人物往来社）／『悪代官は実はヒーローだった江戸の歴史』古川愛哲、『日本の歴史18　開国と幕末変革』井上勝生（以上、講談社）／『江戸時代の「格付け」がわかる本』大石学、『旗本御家人―驚きの幕臣社会の真実』氏家幹人（以上、洋泉社）／『江戸時代　人づくり風土記10　ふるさとの人と知恵　群馬』井上定幸、会田雄次ほか、『江戸時代　人づくり風土記11　ふるさとの人と知恵　埼玉』会田雄次・大石慎三郎ほか、『江戸時代　人づくり風土記21　ふるさとの人と知恵　岐阜』牧野昇・会田雄次ほか、『江戸時代　人づくり風土記32　ふるさとの人と知恵　島根』会田雄次、大石慎三郎ほか、『江戸時代　人づくり風土記43　ふるさとの人と知恵　熊本』牧野昇・会田雄次ほか、『江戸時代　人づくり風土記44　ふるさとの人と知恵　大分』豊田寛三、会田雄次ほか、『江戸時代　人づくり風土記9　ふるさとの人と知恵　栃木』牧野昇、会田雄次ほか（以上、農山漁村文化協会）／『徳川幕府事典』竹内誠、『徳川幕府全代官人名辞典』村上直、和泉清司、佐藤孝之、西沢淳男、『地方凡例録』大石慎三郎校訂（以上、東京堂出版）／『江戸の役人事情　「よしの冊子」の世界』水谷三公、『江戸の役人事情』水谷三公（以上、筑摩書房）／『将軍の鷹狩り』根崎光男、『江戸幕府の代官群像』村上直、『幕府の地域支配と代官』和泉清司（以上、同成社）／『泰平のしくみ　江戸の行政と社会』藤田覚、『囲碁の世界』中山典之（以上、岩波書店）／『大江戸さむらい百景』渡辺誠、『図説　大江戸さむらい百景』渡辺誠、『図説江戸　江戸の仕事づくし』竹内誠（以上、学習研究社）／『決定版　図説　侍入門』（学研パブリッシング）／『百姓の主張』渡辺尚志、『百姓の力　江戸時代から見える日本』渡辺尚志（以上、柏書房）／『徳川吉宗』大石学、『近世の地域と中間権力』志村洋編（以上、山川出版社）／『江戸の災害史』倉地克直（中央公論新社）／『賄賂の話』板倉宏（中央公論社）／『江戸に学ぶ日本のかたち』山本博文（日本放送出版協会）／『ＮＨＫラジオテキスト　江戸から考える日本人の心』大石学（ＮＨＫ出版）／『お旗本の家計事情と暮らしの知恵』小川恭一（つくばね舎）／『お江戸の役人面白なんでも事典』中江克巳（ＰＨＰ研究所）／『まんが日本史キーワード　代官のうつり変わり』高野澄著、向中野義雄画（さ・え・ら書房）／『江戸の経済官僚』佐藤雅美（徳間書店）／『江戸の転勤族』高橋章則（平凡社）／『江戸時代の官僚制』藤井譲治（青木書店）／『江戸時代の賄賂秘史』中瀬勝太郎（築地書館）／『江戸時代武士の生活』進士慶幹（雄山閣出版）／『江戸幕府郡代代官史料集』村上直（近藤出版社）／『講座　日本技術の社会史　別巻二』永原慶二ほか編（日本評論社）／『春季特別展　江戸幕府の代官』（大田区郷土博物館）／『多摩の代官』村上直、馬場憲一ほか（たましん地域文化財団）／『代官の日常生活』西沢淳男（ＫＡＤＯＫＡＷＡ）／『大江戸ものしり図鑑』花咲一男（主婦と生活社）／『大江戸災害ものがたり』酒井茂之（明治書院）／『幕末下級武士のリストラ戦記』安藤優一郎（文藝春秋）

監修者　**山本博文**（やまもと ひろふみ）

1957年、岡山県生まれ。東京大学文学部国史学科卒。同大学院修了。文学博士。東京大学史料編纂所教授。1992年、『江戸お留守居役の日記』で第40回日本エッセイスト・クラブ賞受賞。主な著書に『現代語訳 武士道』（ちくま新書）、『武士道の名著 日本人の精神史』（中公新書）、『忠臣蔵の決算書』（新潮新書）、『歴史の勉強法 確かな教養を手に入れる』（PHP研究所）、『東大教授の「忠臣蔵」講義』（KADOKAWA）などがある。

※本書は書き下ろしオリジナルです。

JIPPI Compact

じっぴコンパクト新書　346

悪代官《あくだいかん》はじつは正義《せいぎ》の味方《みかた》だった
時代劇《じだいげき》が描《えが》かなかった代官《だいかん》たちの実像《じつぞう》

2018年3月16日　初版第1刷発行

監修者……………山本博文
発行者……………岩野裕一
発行所……………株式会社実業之日本社
〒153-0044 東京都目黒区大橋1-5-1 クロスエアタワー8階
電話（編集）03-6809-0452
（販売）03-6809-0495
http://www.j-n.co.jp/
印刷・製本…………大日本印刷株式会社

ISBN978-4-408-33771-5（第一趣味）